A Dieta da Porção Perfeita

Mantenha a forma comendo até pizza, chocolate e massa

CB131530

A Dieta da Porção Perfeita

Mantenha a forma comendo até pizza, chocolate e massa

Linda Gassenheimer

PUBLIFOLHA

www.dk.com

Ao meu marido Harold pelo amor e pelo apoio constante.

Título original: *Perfect Portion*

Copyright © 2007 Dorling Kindersley Limited
Copyright do texto © 2007 Linda Gassenheimer
Copyrightt © 2008 Publifolha – Divisão de Publicações da Empresa Folha da Manhã S.A.

Todos os direitos reservados. Nenhuma parte desta obra pode ser reproduzida, arquivada ou transmitida de nenhuma forma ou por nenhum meio sem a permissão expressa e por escrito da Publifolha – Divisão de Publicações da Empresa Folha da Manhã S.A.

Proibida a comercialização fora do território brasileiro.

PUBLIFOLHA
Divisão de Publicação do Grupo Folha
Al. Barão de Limeira, 401, 6.º andar
CEP 01202-900, São Paulo, SP
Tel.: (11) 3224.2186/ 2187/ 2197
www.publifolha.com.br

COORDENAÇÃO DO PROJETO: PUBLIFOLHA
Assistência editorial: Camila Saraiva
Coordenação de produção gráfica: Soraia Pauli Scarpa
Assistência de produção gráfica: Mariana Metidieri

PRODUÇÃO EDITORIAL: ESTÚDIO SABIÁ
Edição: Silvana Salerno
Tradução: Ibraíma Dafonte Tavares
Preparação de texto: Nina Rizzo
Revisão: Bruno SR, Hebe Lucas e Paolla Morsello
Editoração eletrônica: Pólen Editorial

EDIÇÃO ORIGINAL: DORLING KINDERSLEY
Editora: Hillary Mandleberg
Diretor de arte: Peter Luft
Projeto gráfico: Ruth Hope
Editora de arte sênior: Anne Fisher
Editora sênior: Jennifer Latham
Gerente editorial: Penny Warren
Gerente de arte: Marianne Markham
Gerente de operações: Gillian Roberts
Gerente de criação: Mary-Clare Jerram
Diagramação: Sonia Charbonnier
Produção: Maria Elia

Dados Internacionais de Catalogação na Publicação (CIP)
(Câmara Brasileira do Livro, SP, Brasil)

Gassenheimer, Linda
Dieta da porção perfeita : mantenha a forma comendo até pizza, chocolate e massa / Linda Gassenheimer ; [tradução Ibraíma Dafonte Tavares]. – São Paulo : Publifolha, 2008.

Título original: Perfect Portion.
ISBN 978-85-7402-924-5

1. Alimentos 2. Dieta para emagrecer 3. Hábitos alimentares 4. Nutrição 5. Saúde – Aspectos nutricionais I. Título.

08.03745 CDD-294.3083

Índices para catálogo sistemático
1. Dieta : Alimentação e saúde : Nutrição 613.2

Este livro foi impresso em junho de 2008 pela Corprint sobre papel couché fosco 115 g/m².

Sumário

introdução

É possível levar uma vida saudável e emagrecer sem deixar de comer suas guloseimas preferidas, como chocolate, massas e vinhos? Sim, desde que você siga as orientações da *Dieta da Porção Perfeita*. Este livro mostra o caminho para você se alimentar bem sem engordar. E o que é uma boa porção? Para testar seu QI no assunto, responda ao teste das páginas 8-11. O capítulo "Guia de porções" traz fotos em tamanho real para ajudá-lo a escolher os alimentos certos nas porções adequadas. Como encaixar suas escolhas no dia-a-dia? Leia o capítulo "Programa de Sete Dias", que contém cafés-da-manhã, almoços e jantares baseados nas porções perfeitas. "Os perigos de comer fora" mostra como ater-se à Dieta da Porção Perfeita mesmo nos restaurantes. Aproveite o livro e a comida que lhe faz bem.

Teste da porção

Quantas vezes você come frango à passarinho no jantar, uma baked potato de acompanhamento ou 120 g de cereais matinais no café-da-manhã? Você acha que a sua alimentação é saudável e nutritiva? Você tem noção de quantas calorias ingere quando se senta em frente à TV com um saco de batatas fritas nas mãos? Para saber se você sofre da síndrome da porção distorcida, responda às perguntas do teste a seguir. E prepare-se para algumas surpresas.

1 Um copo de 350 ml de suco de laranja é uma boa pedida, certo?

2 Quantas calorias tem esse lindo pão doce?

3 Qual prato você escolheria para o jantar: uma bela porção de frango à passarinho ou um bife suculento?

4 Qual destes dois bagels é saudável? O que tem cobertura de sementes ou o que tem recheio de salmão defumado?

5 Que tamanho deve ter a sua baked potato? E qual recheio escolher?

6 Qual destas porções lhe fornecerá metade das calorias recomendadas para um dia? A de 200 g ou a de 90 g?

7 Quantas calorias tem este sanduíche? Escolha entre 200, 400, 600 ou 800.

8 Obviamente a granola da esquerda é saudável. Para que acrescentar iogurte e amêndoas?

9 Você costuma comer quatro pedaços de pizza com diversos ingredientes na cobertura? E tem idéia de quantas calorias há nessa porção?

10 O que você recomendaria como lanche da tarde ou da noite: pipoca, batata frita ou amendoim?

Respostas

1 Sim, pois ele responde por uma parte do consumo recomendado de frutas. Por outro lado, esse suco tem 168 calorias e quase nenhuma fibra. É melhor beber metade do suco, e ainda melhor comer a fruta.

2 Você pensava que o pão doce de 135 g fosse inofensivo, mas ele tem 520 calorias e 28 g de gordura, além de muito açúcar. Não é uma boa escolha.

3 Você escolheu o frango à passarinho? Frituras têm muitas calorias e muita gordura. Uma porção de frango frito de 450 g (sem osso) pode chegar a 1.200 calorias. Prefira uma porção de 90 g de carne vermelha e um sorbet de frutas de sobremesa. Juntos, eles somam 570 calorias.

4 O bagel de 11 cm com recheio de cream cheese tem 560 calorias. O bagel de 5 cm com salmão defumado, alface e tomate tem apenas 320. Para compor um café-da-manhã nutritivo com apenas 423 calorias, acrescente 30 g de farelo de trigo e 120 ml de leite desnatado.

5 A batata é um bom alimento, mas a baked potato grande com manteiga e creme azedo tem 578 calorias. A menor tem cerca de 136 calorias e menos gordura. Além disso, ela oferece os benefícios adicionais das hortaliças.

6 O pacote grande (200 g) tem 660 calorias, ou seja, quase metade da sua necessidade diária de energia. O pacote pequeno (85 g) tem cerca de 210 calorias.

7 Esse sanduíche de 30 cm tem mais de 800 calorias, ou seja, mais da metade do que a maioria das pessoas precisa comer em um dia.

8 Apenas 200 g de granola contêm cerca de 800 calorias. Uma porção menor de granola light (com menos gordura e menos açúcar) com iogurte desnatado e um pouco de amêndoas tem apenas 415 calorias e é muito mais saudável.

9 Quatro pedaços de pizza e uma garrafa de cerveja respondem por ao menos 2.000 calorias. E lá se vai uma parte das calorias do dia seguinte!

10 Um pacote grande de pipoca tem mais de 600 calorias e muito sal. Um pacote de batata chips de 115 g tem cerca de 600 calorias. A melhor opção é o amendoim, que tem gordura monoinsaturada e proteínas. O amendoim torrado tem 170 calorias por 30 g (algo como 40 amendoins).

A ciência e o controle da porção

Nos últimos dez anos, venho trabalhando com uma série de endocrinologistas, cardiologistas e nutricionistas no combate à obesidade, um problema de saúde que tem se agravado no mundo todo. São vários os fatores que minam a luta das pessoas para manter o peso adequado.

O primeiro é o fato de elas não escolherem o que vão comer; o segundo é o fato de as porções servidas serem maiores. Os restaurantes servem cada vez mais comida e ainda assim todos continuam limpando o prato, como faziam na infância. A comida dos fast-foods também aumentou de tamanho: cerca de cinco vezes nos últimos 20 anos.

Descobertas científicas

Um número crescente de pesquisas mostra que a maioria das pessoas não percebe a quantidade de comida colocada à sua frente. Pesquisadores da Universidade Estadual da Pensilvânia descobriram que nossa tendência é comer tudo o que está no prato ou numa embalagem. Utilizando macarrão com queijo e sanduíches de 30 cm como alimentos de "teste", eles verificaram que os adultos comiam até 30% mais quando lhes serviam grandes porções desses pratos, muito embora em geral se sentissem satisfeitos com porções menores.

O tamanho da embalagem também faz diferença. Os mesmos pesquisadores descobriram que as mulheres que recebiam um pacote

Em geral, as pessoas não percebem a quantidade de comida que está à sua frente

Porções e porções

Este livro trata do tamanho da porção de alimentos que você decide comer numa refeição ou no lanche, em casa ou no restaurante. Ela não deve ser confundida com as porções dos livros de culinária, por exemplo, que indicam o rendimento de cada receita, nem com a porção que vem estipulada na tabela de informações nutricionais das embalagens dos alimentos. Aprenda a ler os rótulos com cuidado, pois a porção neles estabelecida não equivale necessariamente à porção a ser servida.

O aumento do tamanho das porções de fast-food é uma das razões pelas quais a humanidade está mais gorda. E, além de a comida vir cheia de calorias e gorduras, nós a ingerimos com mais freqüência do que o necessário. Pergunte-se quantas vezes por semana você come um lanche desses no lugar do almoço e entenderá por que vive lutando para perder peso.

de macarrão de 500 g para fazer um jantar para duas pessoas usavam uma média de 234 cilindros da massa. Porém, se tivessem um pacote com 900 g para fazer o mesmo jantar, usavam uma média de 302 cilindros – 29% mais.

Estudos realizados com doces e batata frita mostraram aumento drástico da quantidade ingerida quando as pessoas recebiam porções maiores.

Sendo assim, como saber o tamanho da porção que deve ser consumida? Nas páginas deste livro a resposta a essa pergunta salta aos olhos. Ele foi organizado para que você possa visualizar as boas opções, as que você deve comer com moderação e aquelas que é melhor evitar. Por exemplo, na seção de carnes, peixes e laticínios, ensino a escolher alimentos com proteína magra e a evitar grandes quantidades de gordura saturada. Na seção de grãos e na de frutas, legumes e verduras, ensino a escolher alimentos ricos em carboidratos complexos. E, ao longo de todo o livro, mostro como introduzir a gordura monoinsaturada na sua dieta.

O melhor prato...

Assim como aumentaram as porções servidas nos restaurantes e as vendidas nos supermercados, aumentou também o tamanho dos pratos. Antes os pratos de jantar tinham 25 cm de diâmetro, mas hoje eles têm 30 cm ou mais. Você ainda enche de cereais a sua tigelinha, mas já notou o atual tamanho dela?

Provavelmente, ela tem 20 cm de diâmetro, enquanto as antigas tinham apenas 15 cm. Até mesmo as lava-louças são projetadas para pratos maiores.

E daí? Daí que acabamos colocando mais comida no prato e na tigela. E, como mostram as pesquisas, por causa disso comemos mais sem perceber. Uma amiga me disse ter engordado 2,3 kg depois de comprar um serviço de jantar com pratos do tamanho daqueles usados nos restaurantes. Parece loucura, mas é verdade.

Com um prato de 25 cm, em breve o excesso de peso será coisa do passado

Quer diminuir a cintura? Ponha os cereais matinais numa tigela de apenas 15 cm
prato de 25 cm
tigela de 15 cm

... e o melhor copo

E as más notícias não param por aí. O tamanho das xícaras e dos copos também aumentou, o que significa que estamos bebendo mais – mas, como já nos acostumamos, nem percebemos.

Vamos pegar os copos como exemplo. Se você tem daqueles grandes, de mais de 300 ml, reserve-os para servir água. Os copos de 250 ml são bons para a maior parte das bebidas. Os de 180 ml são bons para suco. Reserve as xícaras e os copos de 250 ml para o chá ou o café com leite. Dessa maneira você não consumirá calorias a mais.

Prefira as xícaras de 250 ml na hora do chá ou do leite

Reserve os copos de 300 ml para servir água
Os copos de 250 ml são bons para a maior parte das bebidas, exceto sucos

As vantagens de não estar acima do peso

Todo mundo quer aproveitar o melhor da vida, não importa a idade. E a melhor maneira de alcançar esse objetivo é cuidar da saúde e controlar o peso com a alimentação correta – que este livro ensinará – e exercícios físicos. Se você está à procura da fonte da juventude, saiba que controlar o peso ajuda a parar o relógio.

Não há dúvida de que manter-se no peso adequado para o sexo e a idade contribui para a saúde. Entre os benefícios de controlar o peso estão a diminuição do colesterol, da glicose e da pressão sanguínea, que, por sua vez, resulta em risco reduzido de derrame, diabetes, doenças cardíacas, artrite e câncer. Já está provado que a redução de 10% do peso corporal diminui a pressão sanguínea e a taxa de glicose, além de aliviar os sintomas pré-diabetes.

Como calcular o IMC

A alta porcentagem de gordura corporal é uma indicação de sobrepeso. A melhor maneira de medir seu percentual de gordura é calcular o seu Índice de Massa Corporal (IMC). Para isso, use a fórmula abaixo:

$$\text{IMC} = \frac{\text{peso em quilogramas}}{\text{altura em metros quadrados}}$$

Por exemplo, o IMC de uma pessoa de 68 kg e 1,65 m de altura é:

$$\text{IMC} = \frac{68}{(1{,}65 \times 1{,}65)} = 24{,}9$$

O IMC entre 19 e 24,9 é considerado normal.
O IMC acima de 25 é considerado sobrepeso.

Controle o tamanho de suas porções, faça uma dieta saudável e exercite-se regularmente. Assim você aproveita a vida ao máximo e evita doenças.

Outro fator significativo a considerar é a diminuição da qualidade de vida trazida pelo excesso de peso. A obesidade pode causar problemas respiratórios e apnéia. Quem come demais e leva uma vida sedentária tem menos energia. A pessoa se sente cansada, a pele perde o brilho e a musculatura se torna flácida. Qualquer tarefa passa a provocar desconforto em vez de prazer. Trinta minutos diários de exercícios podem ajudar a reverter essa situação.

Além dos benefícios que oferece à saúde, emagrecer traz também vantagens financeiras: o custo cada vez mais alto dos remédios e dos planos de saúde é um estímulo para viver bem.

Cuidado

Este livro é indicado a todos os que levam uma vida normal. Atletas, pessoas muito ativas ou que precisam de cuidados médicos específicos têm necessidades diferentes. Se você faz parte de uma dessas categorias ou se tem algum outro motivo para se preocupar, consulte um médico antes de modificar seus hábitos alimentares. Na verdade, esse conselho vale para todo mundo.

Dieta balanceada

Sabemos que todos devem ingerir entre 1.400 e 2.000 calorias por dia, dependendo da compleição física e da freqüência de exercícios. Então, isso significa que podemos comer pão doce no café-da-manhã, bolachas no almoço e bolo no jantar, desde que nos limitemos a 1.400 calorias? É claro que não.

As calorias são importantes, mas o mais importante é a qualidade delas. De onde as calorias devem vir? Já existe um consenso a esse respeito. Diversos estudos produziram um quadro detalhado dos alimentos que devemos consumir. Um dos mais importantes foi realizado pela Faculdade de Saúde Pública da Universidade Harvard com um grupo de enfermeiras americanas.

A meta

Segundo esses pesquisadores, devemos nos concentrar em comer as proteínas magras da carne vermelha, do frango e dos peixes e frutos do mar. Esses alimentos devem ocupar um quarto do nosso prato. Outro quarto deve ser reservado aos cereais integrais (pão, macarrão e arroz não refinados), que são fontes excelentes de carboidratos complexos, que nosso organismo decompõe lentamente.

Legumes, verduras e frutas também são fontes de proteínas e carboidratos, mas costumam ser esquecidos. Procure encher a outra metade do seu prato com legumes e verduras e coma ao menos 220-340 g de frutas por dia. Esses grupos de alimentos contêm vitaminas e minerais essenciais, além de fibras.

De onde devem vir os óleos e a gordura? Use óleos monoinsaturados (azeite de oliva ou óleo de canola) e restrinja a ingestão de gorduras saturadas a 14-20 g por dia, dependendo do seu consumo calórico. A gordura trans, criada pela hidrogenação parcial de óleos vegetais – e presente em muitos produtos industrializados –, deve ser evitada.

O Programa de Sete Dias (*ver pp. 160-180*) mostra como fazer refeições balanceadas todos os dias da semana segundo a Dieta da Porção Perfeita. Ele contém as proporções corretas de proteínas magras, carboidratos complexos e gordura monoinsaturada. Siga esse programa e, assim que se familiarizar com as porções corretas, comece a fazer substituições alimentares adequadas para satisfazer ao seu paladar.

A Dieta da Porção Perfeita provê uma alimentação balanceada

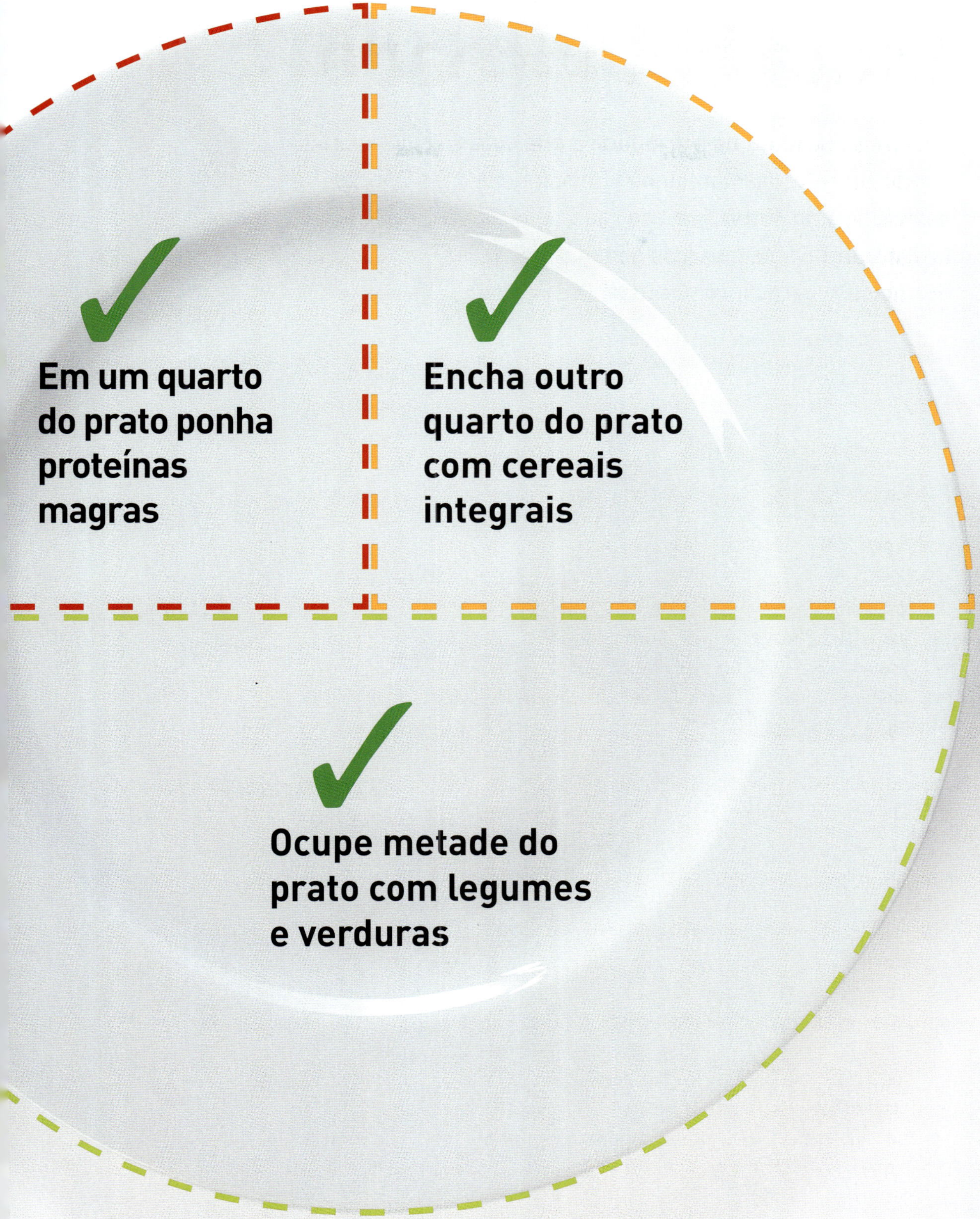
Em um quarto do prato ponha proteínas magras
Encha outro quarto do prato com cereais integrais
Ocupe metade do prato com legumes e verduras

Seu dia anda ruim?

Se você colocar numa mesa tudo o que come e bebe no café-da-manhã, no almoço, no lanche e no jantar, a mesa vai ficar assim? Saiba que esta comida é suficiente para cinco pessoas.

Os 570 ml de café com chantilly e os 80 g de cereais matinais têm, no total, 1.000 calorias.

Um almoço típico de restaurante a quilo, com uma fatia de pão com manteiga e 710 ml de coca-cola, é um festival de açúcar e gorduras saturadas.

Ao comer este frango xadrez com arroz à chinesa você consome de uma só vez quase metade das calorias recomendadas para um dia.

Se você tomar 473 ml de cerveja de vez em quando, estará ingerindo quase 200 calorias e 14 g de carboidratos.

Este prato é uma bomba calórica e gordurosa

A barra de chocolate ao leite e os 170 g de batata chips fornecem 1.500 calorias, quase o total recomendado para um dia inteiro – tudo em bobagens!

Tenha um bom dia

Quer manter uma dieta saudável e controlar o tamanho das porções? É isto o que você deve comer em um dia. Preste atenção ao tamanho das porções neste livro. As imagens não apenas valem por mil palavras, mas vão lhe poupar milhares de calorias.

Coma esta granola com baixo teor de gordura no café-da-manhã (*ver receita, p. 170*) junto com um copo de 250 ml de café com leite desnatado e some 430 calorias.

O almoço é uma saborosa salada grega (*ver receita, p. 170*) com 350 ml de refrigerante light.

Preste atenção nestas porções e poupe 4.000 calorias por dia

Que tal um pouco de vinho tinto no jantar? Esta taça de 150 ml tem apenas 106 calorias.

O delicioso Frango à provençal (*ver receita, p. 171*) com espinafre e lentilha é uma opção saudável para o jantar.

Não é preciso eliminar as guloseimas, mas coma apenas 30 g delas.

Dicas para comer menos

Você sabe que precisa comer porções menores para manter um peso saudável mas não consegue. Compra os alimentos mais variados e come em locais diferentes, cada um com suas tentações. Estas dicas irão ajudá-lo a manter a Dieta da Porção Perfeita em qualquer situação.

Mais qualidade, menos quantidade Comida de verdade e saborosa satisfaz mais do que alimentos light ou refeições industrializadas, que são cheios de produtos químicos. Você não sentirá vontade de atacar um pacote de bolachas dez minutos depois de comer.

Coma devagar O estômago leva 20 minutos para sinalizar ao cérebro que você está satisfeito. Abaixe o garfo entre cada bocado. Assim você terá tempo de saborear os alimentos.

Desligue a TV ou o computador Comer na frente da TV ou do computador é uma maneira certeira de aumentar a cintura. O prato estará limpo antes de você perceber.

Faça um lanche no meio da manhã e outro no meio da tarde A dieta ideal inclui três refeições balanceadas e dois lanches. Anote estas opções de

Os símbolos usados neste livro

Escolhemos diferentes partes da mão como símbolos da porção perfeita. Eles se baseiam na quantidade de comida colocada no prato e ajudarão você a visualizar as porções corretas. Naturalmente, há mãos de todos os tamanhos. A melhor maneira de personalizar os símbolos é comparar a sua mão às fotos em tamanho real deste livro.

palma

mão em concha

punho

polegar

mão

mãos em concha

dedo

ponta do polegar

Ensine bons hábitos aos seus filhos. Não os deixe comer direto do pote. Meça as porções. E reúna a família nas refeições. Todos vão apreciar mais a comida e sentir-se saciados por mais tempo.

lanche: 30 g de amêndoas, castanhas-de-caju ou nozes; 130 g de iogurte desnatado ou uma porção de legumes crus, como aipo, cenoura, brócolis ou couve-flor.

Coma com a família Tente reunir todos para o jantar. A conversa e o foco nos acontecimentos do dia ajudam a relaxar e a apreciar a comida.

Separe as porções do lanche Por exemplo, pegue 300 g de castanhas e divida-as em pacotes de 30 g. Coma apenas um pacote e esconda os outros.

Não coma diretamente da embalagem Ponha o alimento em outro recipiente. Assim você poderá ver quanto está comendo.

Prefira alimentos substanciosos Se você comer mais legumes e verduras no almoço e no jantar, encherá o estômago com alimentos saudáveis e não sentirá fome meia hora depois.

Cuidado nas festas Preste atenção aos petiscos e ao álcool, pois eles acrescentam calorias desnecessárias. Comece com um refrigerante light ou água com gás, pois o álcool abre o apetite. Coma apenas dois ou três salgadinhos. Não se ponha a conversar com um amigo ao lado da mesa onde está a comida, pois sem perceber você irá consumir 500 calorias ou mais (*ver também Porção distorcida: comida a quilo, pp. 158-159*).

No supermercado Não vá ao mercado de estômago vazio. Faça uma lista de compras e atenha-se a ela. Compre legumes e verduras para uma semana. Evite as promoções, pois as embalagens maiores deixarão de ser econômicas se lhe custarem uma calça nova.

A importância da atividade física

Exercitar-se conta. Manter-se ativo é um elemento importante a acrescentar à Dieta da Porção Perfeita, pois os exercícios ajudam a controlar o peso. Quanto mais vigoroso o exercício, mais calorias são queimadas. Caminhar na esteira a 6,5 km/h queima 6,6 calorias por minuto. O nado de peito a um ritmo razoavelmente acelerado queima 9 calorias por minuto. Fazer compras queima apenas 4 calorias por minuto. E passear não queima nenhuma caloria.

Não são necessários mais do que 30 minutos por dia para incluir uma rotina de exercícios em sua vida. Para aumentar a freqüência cardíaca, basta caminhar, cuidar do jardim, subir escadas ou dançar a noite toda. Qualquer dessas atividades conta como exercício físico.

Além de queimar calorias, a atividade física ajuda a manter em boas condições os músculos, os ossos e as articulações. Ela também diminui o risco de doenças coronarianas, de diabetes tipo 2 e de câncer do cólon. Como se não bastasse, os exercícios ainda reduzem o estresse e dão uma sensação de bem-estar.

Qual exercício escolher

Quanto mais intenso o exercício, mais ele aumenta a freqüência cardíaca e mais rapidamente queima calorias. A seguir, uma lista de exercícios moderados e vigorosos. Antes de começar qualquer programa de atividade física, consulte um médico.

Exercícios moderados

- Caminhar a 5,5 km/h. Divida a caminhada em duas sessões de 15 minutos, se desejar.
- Jardinagem
- Ginástica com pesos
- Fazer trilhas

Pedalar é um exercício excelente, não apenas por queimar calorias, mas por ser feito ao ar livre. Em meia hora de bicicleta a 8 km/h você queimará cerca de 130 calorias. Se aumentar a velocidade para 14,5 km/h, queimará quase 200 calorias.

Exercícios vigorosos

- Correr a 8 km/h
- Caminhar a 7 km/h
- Tênis
- Futebol
- Natação (nado livre)

Como encontrar tempo para se exercitar

Não sabe como encaixar uma atividade física na sua agenda apertada? Estas dicas irão ajudá-lo:

- Sempre que possível, prefira as escadas ao elevador.
- Estacione o carro no ponto mais distante do estacionamento, e não na vaga mais próxima. E ande como se estivesse fugindo da chuva.
- A caminho do campo de golfe, carregue seus tacos.
- Exercite-se numa bicicleta ergométrica ou vá para o trabalho pedalando.
- Varie o horário e o tipo de exercícios. Leve o cachorro para um passeio de dez minutos; faça uma caminhada de dez minutos na hora do almoço; exercite-se com pesos enquanto assiste à TV.

guia de porções

- carnes e aves
- peixes e mariscos
- laticínios e ovos
- frutas, legumes e verduras
- cereais
- doces
- bebidas e salgadinhos
- comer fora

carnes e aves

Aproveite o seu bife e o seu lombinho. Os cortes magros de carne de vaca, de frango, de peru, de porco e de cordeiro são fontes excelentes de proteína. Coma proteína em todas as refeições. Ela deixará você satisfeito, sem vontade de comer entre as refeições. Neste livro você aprenderá qual carne comprar, a maneira mais saudável de prepará-la e a porção permitida para não ultrapassar as calorias recomendadas. Se você for vegetariano ou quiser apenas passar um dia sem comer carne de tempos em tempos, veja as opções vegetarianas neste capítulo e nos capítulos de cereais e de legumes, que também fornecem proteínas.

Para descobrir como incorporar esses alimentos à Dieta da Porção Perfeita, veja o Programa de Sete Dias, nas páginas 160-180.

Boi

Coma seu bife em paz, desde que ele tenha 170 g

Sirva um bife com alho e manteiga acompanhado de baked potato (*ver receita, p. 175*)

A carne vermelha se presta a refeições ligeiras ou mais elaboradas e não precisa ser evitada. Tenha cuidado apenas com o tamanho da porção, em especial nas churrascarias em sistema de rodízio. Uma bisteca de boi de 300 g tem cerca de 780 calorias e 25,5 g de gordura saturada.

Quanto posso comer?

Depois de remover toda a gordura, corte um pedaço de 170 g de carne crua (140 g depois de cozida). Ela terá cerca de 250 calorias e 35% de gorduras.

Boas opções

Nem todo corte é bom. As opções mais saudáveis são: Acém • Coxão mole • Filé-mignon • T-bone • Músculo.

Coma com moderação

A porção de 170 g de carne crua (140 g depois de cozida) dos cortes a seguir é ligeiramente mais gorda; tem cerca de 275 calorias e 46% de gorduras: Alcatra • Contrafilé • Maminha • Evite a costela – uma porção de 170 g tem aproximadamente 654 calorias e 82% de gordura.

Como consumir

Retire sempre a gordura das peças de carne antes de prepará-las, para diminuir a ingestão de gorduras. Você pode assar, grelhar ou saltear a carne.

Carne moída – escolha carne magra

Escolha uma carne magra, com 20% de gordura e cerca de 63 calorias por 30 g, ou muito magra, com 5% de gordura e apenas 33 calorias por 30 g.

Informação nutricional

Porção de 170 g de carne vermelha (como na foto)

234 calorias e 33% de gorduras; **8,5 g** de gordura, sendo **3,0 g** de gordura saturada; **36,1 g** de proteínas; **102 mg** de colesterol; **96 mg** de sódio; **0 g** de fibras (*ver informação nutricional do jantar todo na p. 178*)

Porção: palma

Porção distorcida: hambúrguer

porção exagerada

Antigamente, o hambúrguer tinha 85 g. Servido no pão, chegava a 300 calorias. Ao longo dos anos, foi aumentando de tamanho até chegar aos atuais 170-230 g e quase 600 calorias. Caso seja servido com queijo, maionese, picles, ketchup, cebola, tomate e alface (como o da foto), o hambúrguer de 227 g passa a ter incríveis 800 calorias.

Esta versão tem apenas 414 calorias

Com pão integral, maionese light, ketchup, tomate, alface e nenhum queijo, o seu hambúrguer de 170 g ficará muito mais magro.

Porção: palma

porção perfeita

Elimine o queijo e escolha um hambúrguer de 170 g fabricado com carne magra (140 g depois de grelhado). Sirva em pão integral de 30 g com 1 colher (sopa) de ketchup, 1 colher (sopa) de maionese light, 2 fatias de tomate e 1 folha de alface (conforme a foto). Você consumirá apenas 414 calorias. E, graças ao pão, estará acrescentando grãos integrais à sua dieta.

Informação nutricional

porção de 170 g de hambúrguer (como na foto)

414 calorias; **34%** de gorduras, **15,5 g** de gorduras, sendo **4,9 g** de gordura saturada; **41,6 g** de proteínas; **113 mg** de colesterol; **617 mg** de sódio; **3,7 g** de fibras

Os cortes magros de porco podem ser saudáveis

O vinagre balsâmico e os pinholes dão mais sabor aos escalopes de porco de 170 g. Sirva com legumes cozidos (*ver receita, p. 167*).

Porco

A carne de porco, atualmente anunciada como as outras carnes brancas, é uma fonte excelente de proteínas. Porém, tenha cuidado com os cortes e o tamanho das porções. Uma costela de porco de 340 g, por exemplo, tem 1.260 calorias e 72% de gorduras.

Quanto posso comer?
Uma porção (crua) de 170 g (140 g depois de cozida), que tem cerca de 210 calorias e 28% de gorduras.

Boas opções
As melhores opções são o lombo, o lombinho, o pernil e o presunto magro cozido.

Coma com moderação
Uma porção (crua) de 170 g (140 g depois de cozida) dos seguintes cortes tem cerca de 252 calorias e 41% de gordura: Toucinho magro • Costela • Costeleta.

Melhor evitar
Uma porção de 170 g de torresmo tem cerca de 800 calorias e 70% de gordura. Evite: Presunto defumado • Bacon • Salsicha e lingüiça.

Como consumir
Retire toda a gordura antes de preparar a carne de porco e também a gordura que escorre no cozimento. Observação: os cortes magros podem ficar secos e duros se passarem do ponto.

Informação nutricional
porção de 170 g de carne de porco (como na foto)

204 calorias e 26% de gorduras; **5,8 g** de gorduras, sendo **2 g** de gordura saturada; **35,7 g** de proteínas; **108 mg** de colesterol; **84 mg** de sódio; **0 g** de fibras (*ver informação nutricional da receita toda, p. 177*)

Porção: palma

Cordeiro

A carne de cordeiro faz parte da culinária de diversos países, e é difícil resistir ao aroma dos kebabs ou das pernas de cordeiro grelhadas. A perna de cordeiro ao forno é outra maneira deliciosa de preparar essa carne. Você pode comer cordeiro, mas lembre-se de que é uma carne gordurosa: é preciso escolher os cortes certos e remover toda a gordura.

Quanto posso comer?

Consuma porções de 170 g de carne magra crua (140 g depois de cozida), que tem cerca de 340 g com o osso e a gordura. Essa porção tem em média 220 calorias e 35% de gorduras.

Boas opções

Os cortes de cordeiro mais saudáveis são: Perna — prefira a parte mais grossa e a canela, ou então corte a perna em pedaços de 10 mm de espessura, deixando o osso no meio • Espetos (kebabs) da perna ou paleta • Lombo.

Melhor evitar

Uma porção de 170 g de costela de cordeiro tem 290 calorias e 49% de gorduras.

Como consumir

Remova toda a gordura aparente. O cordeiro é mais saudável se for grelhado ou assado. Se você tiver um termômetro de alimentos, espete-o na carne; quando ele chegar aos 63°C a carne estará malpassada; aos 71°C ela estará no ponto.

Este prato não esgotará sua cota de calorias

Informação nutricional

porção de cordeiro de 170 g (como na foto)

228 calorias e 36% de gorduras; **9 g** de gorduras, sendo **3,2 g** de gordura saturada; **34,4 g** de proteínas; **108 mg** de colesterol; **108 mg** de sódio; **0 g** de fibras (*ver informação nutricional da receita toda, p. 176*)

Porção: palma

Sirva este espeto de cordeiro de 170 g com legumes grelhados e arroz integral (*ver receita, p.163*).

Aves

"Não há limite para o número de receitas de frango que se pode criar", disse certa vez um editor. O frango é a ave mais popular à mesa, mas o peru também é uma ótima opção, pois é a carne mais magra que há. Cuidado com o pato: 227 g de pato assado têm 920 calorias e 87% de gorduras.

Quanto posso comer?

No caso do frango e do peru, 170 g de carne branca (crua) sem osso (140 g depois de cozida), que têm cerca de 186 calorias e, respectivamente, 10% e 4% de gorduras. Ou 170 g de carne escura (crua) sem osso (140 g depois de cozida), que têm 210 calorias e 30% de gordura.

Boas opções

Os melhores cortes são: Peito e coxa de frango sem pele e sem osso • Peito e coxa de peru sem pele e sem osso.

Coma com moderação

Uma porção de 170 g de carne de pato (crua) sem pele e sem gordura.

Melhor evitar

Procure não comer: pato, frango e peru com pele e gordura aparente • Asas de frango • Frango à passarinho.

Como consumir

Retire a pele e a gordura aparente. Grelhe o peito de peru ou de frango por 2 minutos de cada lado, abaixe o fogo e cozinhe até a carne ficar cozida.

Informação nutricional

porção de 170 g de frango (como na foto)

186 calorias e 10% de gorduras; **2,1 g** de gorduras, sendo **0,6 g** de gordura saturada; **39,2 g** de proteínas; **96 mg** de colesterol; **108 mg** de sódio; **0 g** de fibras (*ver informação nutricional da receita toda, p. 178*)

Porção: palma

Desde que você tire a pele, o frango é uma opção saudável

Sirva 170 g de frango com um delicioso molho de tomate, lentilha e espinafre (*ver receita, p. 171*).

Frios e carnes de rotisseria

Coma 115 g de rosbife com pão de centeio

Reduza a ingestão de sódio e gorduras consumindo rosbife magro e controlando o tamanho da porção.

Peça um sanduíche de pernil com queijo emmenthal ou gruyère no almoço e prepare-se para ingerir mais de 1.400 calorias, aproximadamente 90 g de gorduras e mais de 5 g de sódio. Nesse sentido, os sanduíches rápidos das lanchonetes não são melhores, pois vêm com muitos frios e excesso de maionese.

Quanto posso comer?

Você deve comer 115 g, ou cerca de quatro fatias, mas a maior parte dos estabelecimentos serve bem mais do que isso. E lembre-se de que as carnes processadas podem conter muito sódio. Ao pedir um sanduíche no balcão, escolha recheios magros. Ao comprar frios previamente fatiados, verifique a espessura: algumas marcas vendem fatias de 30 g, ao passo que outras trabalham com fatias mais grossas ainda.

Boas opções

Algumas carnes têm 30–40 g de gorduras por porção de 115 g. Prefira estas opções: Peito de peru sem pele (em média 30 calorias, 0,2 g de gorduras e 170 mg de sódio por porção de 30 g) • Peito de frango assado (em média 30 calorias, 0,5 g de gorduras e 175 mg de sódio por porção de 30 g) • Rosbife magro (em média 40 calorias, 1 g de gorduras e 40 mg de sódio por porção de 30 g) • Presunto cru (em média 30 calorias, 0,5 g de gordura e 290 mg de sódio por porção de 30 g).

Melhor evitar

Estas opções têm mais gorduras, calorias e, em alguns casos, muito mais sódio: Mortadela (em média 88 calorias, 7,2 g de gorduras e 353 mg de sódio por porção de 30 g) • Pastrame (em média 150 calorias, 1,5 g de gorduras e 450 mg de sódio por 30 g) • Salame hamburguês (em média 110 calorias, 9 g de gorduras e 520 mg de sódio por porção de 30 g) • Salame italiano (em média 104 calorias, 8 g de gorduras e 560 mg de sódio por porção de 30 g).

Informação nutricional

porção de 115 g de rosbife no pão de centeio (como na foto)

332 calorias e 33% de gorduras; **12,2 g** de gorduras, sendo **3,8 g** de gordura saturada; **35,8 g** de proteínas; **95 mg** de colesterol; **819 mg** de sódio; **2,3 g** de fibras

Opções vegetarianas

Versátil, o tofu é a melhor fonte de proteínas dos vegetarianos

Com 170 g de tofu você prepara um jantar em minutos (*ver receita, p. 173*).

As alternativas vegetarianas à carne vêm se popularizando. Legumes, verduras, cereais, leguminosas e sementes têm alto teor de fibras e proteínas. No entanto, não se deixe enganar. Alguns pratos vegetarianos também podem conter muita gordura saturada e sal, além de alto valor calórico.

Uma enchilada de queijo e feijão-mulatinho tem a mesma quantidade de gorduras e calorias do que um cheeseburger duplo. O tofu frito com shoyu também é carregado de sal e gorduras.

Boas opções

As sementes (de girassol ou de abóbora, por exemplo) e as castanhas secas ou torradas sem óleo nem sal têm em média 180 calorias por porção de 30 g • O tofu tem alto teor de proteínas e cerca de 130–250 calorias por porção de 170 g • As leguminosas (feijão, ervilha, lentilha) têm cerca de 110–150 calorias por porção de 85–130 g • O seitan, feito de trigo, lembra a carne vermelha na aparência e no sabor e tem cerca de 210 calorias por porção de 60 g • O tahine, pasta de gergelim muito usada na culinária sírio-libanesa, tem cerca de 175 calorias em 2 colheres (sopa) • O tempeh, alimento à base de soja, tem em média 230 calorias por porção de 115 g • A PVT (proteína vegetal texturizada) tem poucas gorduras e cerca de 160 calorias por porção de 60 g.

Coma com moderação

Castanhas e sementes torradas com óleo e sal • Creme de leite • Ovos (*ver pp. 66–67*) • Queijo (*ver pp. 64–65*) • Leite integral (*ver pp. 58–59*) • Molhos salgados, como o shoyu.

Quem avisa amigo é

Alguns pratos vegetarianos prontos (em geral congelados) são anunciados como "naturais e integrais", mas isso não significa que sejam saudáveis. Eles podem conter uma quantidade excessiva de queijo e sal, além de alto valor calórico.

Informação nutricional

porção de 170 g de tofu (como na foto)

Porção de tofu: palma

132 calorias e 56% de gorduras; **8,2 g** de gorduras, sendo **1,2 g** de gordura saturada; **13,7 g** de proteínas; **0 mg** de colesterol; **12 mg** de sódio; **0,6 g** de fibras (*ver análise nutricional da receita toda, p. 178*)

peixes e frutos do mar

Peixes e frutos do mar fresquinhos são uma delícia. E, como levam poucos minutos para cozinhar, são a fast-food do bem. Além disso, têm pouca gordura saturada e são ricos em ácidos graxos ômega-3, que nos protegem contra as doenças do coração. No entanto, como acontece com todos os alimentos, o que conta é a porção e o modo de preparo. Assim, não importa se você prefere a carne branca do linguado, a rosada do salmão ou o suculento camarão. Leia as próximas páginas para descobrir a porção perfeita de cada um e a maneira mais saudável de cozinhá-los. Para aprender a incorporar peixes e frutos do mar à Dieta da Porção Perfeita, veja o Programa de Sete Dias nas páginas 160–180.

Peixes de carne branca

Todos os peixes contêm ômega-3; os peixes brancos e magros, porém, têm menos. Ainda assim, devem ser consumidos regularmente. Em vez de prepará-los com manteiga, experimente as sugestões desta página.

Quanto posso comer?

Consuma porções de 170 g de peixe cru (140 g depois de cozido), que têm em média 168 calorias e 8–19% de gorduras, dependendo da espécie.

Boas opções

Este grande grupo de peixes inclui: Bacalhau fresco • Linguado • Tainha • Garoupa • Hadoque • Badejo • Abrótea • Robalo • Namorado • Pescada-branca • Congro • Agulhão-branco • Pescada-amarela • Vermelho • Pargo.

Como preparar

Não é preciso dizer que não se deve comer o peixe frito (empanado ou à milanesa). Evite também os molhos à base de manteiga. Como fazer então para o peixe ficar saboroso, porém magro e saudável? Experimente estas sugestões tentadoras:

• Salteado em 2 colheres (chá) de azeite ou óleo de canola e coberto com 2 colheres (sopa) de molho de tomate ou chutney (de pêssego ou de manga) por pessoa.

• Corte o peixe em cubos e arrume-os em espetos, grelhe e sirva com 1 colher (sopa) de molho de amendoim por pessoa.

• Regue com azeite. Asse ou grelhe e sirva com um molho feito com 1 colher (sopa) de maionese e o suco de um tomate fresco.

Informação nutricional

porção de 170 g de linguado (como na foto)

156 calorias e 12% de gorduras; **2 g** de gorduras, sendo **0,5 g** de gordura saturada; **32 g** de proteínas; **84 mg** de colesterol; **138 mg** de sódio; **0 g** de fibras (*ver análise nutricional da receita toda, p.176*)

Porção: palma

Evite molhos muito calóricos e coma porções de 170 g de peixe branco (*ver receita, p. 165*).

Peixes brancos têm muita caloria e poucas gorduras

Peixes ricos em ômega-3

Estes peixes são ótimos para a saúde, pois contêm muito mais ácidos graxos ômega-3 do que os peixes de carne branca. No entanto, o tamanho da porção também conta. Peixes gordos em excesso nos fazem engordar.

Quanto posso comer?

Consuma porções de 170 g de peixe cru (140 g depois de cozido).

Boas opções

Os peixes a seguir, em porções de 170 g, são as melhores fontes de ômega-3: Cavala e sardinha (ambas têm 360 calorias e 50–60% de gorduras) • Salmão, truta, arenque e atum (todos têm cerca de 250 calorias e 30–50% de gordura).

Como preparar

Fique longe de peixes fritos, de peixes preparados com molho oleoso ou de peixes empanados ou à milanesa. Os peixes gordos são mais saudáveis se grelhados, cozidos ou salteados. São tão saborosos que dispensam molhos e condimentos. Tempere apenas com 1–2 colheres (chá) de azeite, sal e pimenta, para ressaltar seu sabor natural. Outras alternativas:

- Passe os filés de peixe por um molho apimentado e salteie com 1 colher (chá) de azeite ou óleo de canola por pessoa.
- Depois de cozido, cubra o peixe com 3 colheres (sopa) de pimentão vermelho assado e 6 azeitonas pretas picadas por pessoa.
- Sirva com 1 colher (sopa) de chutney por pessoa.
- Sirva com um molho feito com 1 colher (sopa) de maionese e 1 colher (chá) de raiz-forte por pessoa.

Informação nutricional

porção de salmão de 170 g (como na foto)

240 calorias e 40% de gorduras; **10,7 g** de gorduras, sendo **1,7 g** de gordura saturada; **33,7 g** de proteínas; **96 mg** de colesterol; **72 mg** de sódio; **0 g** de fibras (*ver informação nutricional da receita toda, p. 177*)

Porção: palma

Comer salmão faz bem ao coração

O salmão é tão saboroso que dispensa molhos; coma uma porção de 170 g acompanhada apenas de hortaliças (*ver receita, p. 169*).

Frutos do mar

Com baixo teor de gordura, o camarão é uma opção saudável

Aprecie 170 g de camarão refogado ao estilo oriental, com macarrão (*ver receita, p. 173*).

Os mariscos e os crustáceos fornecem proteínas de boa qualidade e, desde que você não os prepare com molhos gordurosos, têm pouca gordura saturada. Portanto, aprecie-os sem se preocupar com o peso. Basta controlar o tamanho das porções para aproveitar sem culpa esses tesouros marinhos.

Quanto posso comer?

Uma porção de 170 g de mariscos crus (140 g depois de cozidos) contém em média 155 calorias e 13% de gordura.

Boas opções

A variedade de mariscos da costa brasileira é muito grande. Escolha entre estas opções, segundo sua preferência pessoal: Mexilhões • Caranguejo • Pitu • Lagosta • Polvo • Ostra • Camarão • Vieiras • Lula.

Melhor evitar

Pratos preparados com molhos pesados e mariscos gratinados • Frituras • Mariscos empanados • Mariscos recheados com pão.

Como consumir

- Lagosta – cozinhe em água ou no vapor e sirva com um molho feito com 1 colher (chá) de manteiga derretida e 2 colheres (chá) de óleo de canola. Ou sirva fria, com um molho feito com 1 colher (sopa) de maionese light e 1 colher (sopa) de suco de limão.
- Camarão – cozinhe em água ou no vapor e sirva com 2 colheres (sopa) de molho para coquetel de camarão. Ou faça um refogado com legumes.
- Caranguejo – cozinhe em água ou no vapor e sirva frio, com um molho feito com 1 colher (sopa) de maionese light e 1 colher (sopa) de ketchup.
- Mexilhões e outras conchas – cozinhe com cenoura, aipo (salsão), cebola e um pouco de vinho branco. Sirva nas conchas, com o caldo do cozimento.

Informação nutricional

porção de camarão de 170 g (como na foto)

Porção: palma

250 calorias e 35% de gorduras; **18 g** de gorduras, sendo **7 g** de gordura saturada; **35 g** de proteínas; **116 mg** de colesterol; **94 mg** de sódio; **0 g** de fibras (*ver informação nutricional da receita toda, p. 178*)

laticínios e ovos

Todos os laticínios contêm proteínas, que nos dão a sensação de saciedade. O mais importante, porém, é que os produtos derivados do leite são a melhor fonte de cálcio que existe. Para ingerir a dose recomendada pelos médicos e nutricionistas, consuma quatro porções por dia. O cálcio é o mineral que responde pela saúde dos dentes e dos ossos. Estudos mostram que ele ajuda a reduzir o risco de hipertensão e de câncer do cólon. Entre os laticínios que contêm pouco ou nenhum cálcio estão o cream cheese, o creme de leite e a manteiga – por acaso, alimentos muito calóricos. Nas páginas a seguir você visualizará as porções ideais de leite, derivados e ovos que deve incluir em sua dieta. Para aprender a incorporar os laticínios em seu cotidiano, veja o Programa de Sete Dias, nas páginas 160–180.

Leite e iogurte

Uma boa maneira de ingerir a dose diária de cálcio recomendada – três ou quatro porções – é consumir leite e iogurte, produtos que, além do mais, são enriquecidos com vitaminas. No entanto, é bom evitar o leite integral e dar preferência ao leite desnatado ou semidesnatado.

A porção de leite desnatado deve ser um copo de 250 ml

Bebendo leite desnatado você diminui a quantidade de gordura saturada de sua alimentação.

O iogurte também pode ser traiçoeiro. Os supermercados estão cheios de potes e bandejas de iogurte integral. Há iogurtes com açúcar, granola e até mesmo cereais achocolatados. Ingredientes desse tipo não apenas elevam o total de calorias do produto, como também ocupam o espaço que deveria ser destinado ao laticínio. No lugar da proteína, do cálcio e das vitaminas "surrupiadas", você pode muito bem estar comendo 260 calorias extras e muita gordura saturada. Em compensação, 230 g de iogurte de frutas desnatado têm cerca de 80–100 calorias.

Quanto posso beber?

Estabeleça como porção 250 ml de leite desnatado ou 230 g de iogurte desnatado. Se você é alérgico à lactose, um copo de 250 ml de leite de soja com baixo teor de gordura e enriquecido com cálcio é uma boa alternativa.

Informação nutricional

porção de leite desnatado de 250 ml (como na foto)

86 calorias e 5% de gorduras; **0,4 g** de gorduras, sendo **0,3 g** de gordura saturada; **8,4 g** de proteínas; **5 mg** de colesterol; **127 mg** de sódio; **0 g** de fibras

Boas opções

Prefira: Leite desnatado ou semidesnatado • 230 g de iogurte desnatado e sem açúcar, que tem entre 80 e 100 calorias, dependendo da marca.

Coma e beba com moderação

Leite integral • Iogurte integral • Iogurte com granola • Iogurtes de frutas adoçados • Iogurtes líquidos adoçados • Sobremesas à base de leite, como pudim de chocolate.

Frozen yogurt – perigos inesperados

O frozen yogurt não é o melhor caminho para incluir laticínios em sua alimentação. Vale como guloseima se você consumir apenas 70 g. Sim, ele tem cálcio, mas muito pouco em comparação com o iogurte natural desnatado, e muitos frozen yogurts têm açúcar e gordura saturada em excesso. Uma porção de 185 g de frozen yogurt desnatado e sem açúcar tem cerca de 200 calorias; uma porção de 175 g de frozen yogurt adoçado e com baixo teor de gordura tem cerca de 220 calorias.

Incrementado com frutas frescas, o iogurte sem açúcar e desnatado é um bom café-da-manhã.

Porção: punho

Informação nutricional

porção de iogurte desnatado e sem açúcar de 230 g (como na foto)

98 calorias e 4% de gorduras; **0,4 g** de gorduras, sendo **0,3 g** de gordura saturada; **8,8 g** de proteínas; **5 mg** de colesterol; **134 mg** de sódio; **0 g** de fibras

Porção distorcida: iogurte

À venda nos supermercados por

260

calorias

porção exagerada

Em muitos sentidos, o iogurte é um alimento saudável, mas os potes de 230 g de iogurte com geléia de frutas no fundo, vendidos em qualquer supermercado, têm 260 calorias. Por quê? Porque eles contêm gordura e açúcar. Outro vilão é o iogurte com granola e cobertura de chocolate ou caramelo, que pode ter mais de 240 calorias. Todos eles têm mais do que o dobro da quantidade de calorias dos iogurtes de frutas desnatados.

Faça um favor ao seu coração e coma uma porção de 230 g de iogurte de frutas desnatado com frutas frescas.

Porção: punho

porção perfeita

Sua melhor opção é um pote de 230 g de iogurte de frutas desnatado e sem açúcar, que tem cerca de 100 calorias. Procure consumir iogurtes com lactobacilos vivos, pois eles ajudam na digestão. No café-da-manhã, experimente misturar iogurte com aveia, em vez do leite desnatado. Coma uma porção de 230 g após o almoço, como sobremesa, ou no lanche da tarde.

Informação nutricional

porção de 230 g de iogurte desnatado

98 calorias; **0,4 g** de gorduras, sendo **0,3 g** de gordura saturada; **8,8 g** de proteínas; **5 mg** de colesterol; **134 mg** de sódio; **0 g** de fibras

Para passar no pão

A manteiga, a maionese e o creme de leite deixam saborosos os sanduíches e outros pratos. Além disso, contêm nutrientes, embora seu teor de cálcio seja baixo. O problema desses alimentos é que eles contêm gorduras prejudiciais e muitas calorias. Uma camada grossa de manteiga espalhada no pão acrescenta a ele 204 calorias e 23 g de gordura, enquanto 5 colheres (sopa) de maionese adicionam 297 calorias e 33 g de gorduras.

Quanto posso comer?

Não é preciso banir da sua alimentação as gorduras e os óleos – na verdade, eles são necessários a uma dieta balanceada. Basta pensar em colheres de chá e não de sopa. Evite a margarina com gordura trans, uma gordura líquida parcialmente hidrogenada para se transformar em sólidos semelhantes às gorduras saturadas. Procure nos rótulos as expressões "gordura trans" ou "parcialmente hidrogenada". O requeijão é uma boa pedida. A porção de 30 g tem cerca de 75 calorias e apenas 6,3 g de gorduras.

Limite o consumo de manteiga a 1 colher (chá) ou use margarina sem gordura trans.

Como consumir

- Misture 1 colher (chá) de manteiga com 2 colheres (chá) de óleo de canola por pessoa para preparar peixes e legumes.
- Mantenha o sabor da maionese em suas receitas e corte o teor de gordura dos pratos, misturando-a com outros ingredientes: 1/2 colher (sopa) de maionese com 1/2 colher (sopa) de iogurte desnatado por pessoa.
- Molho para temperar saladas de peixe, frango, batata e legumes: 1 colher (sopa) de maionese e 1 colher (sopa) de suco de limão por pessoa.
- Varie as receitas de maionese acima, adicionando algumas destas sugestões: 1 colher (sopa) de ervas frescas picadas; 45 g de tomates frescos picados; 2 colheres (chá) de curry; 1 colher (sopa) de gengibre fresco picado; 1 colher (sopa) de mostarda; 1 colher (sopa) de pepino em conserva picado.
- O creme de leite dá sabor e textura a vários pratos. Use 1 colher (sopa) por pessoa.
- Prefira a maionese light.

Informação nutricional

porção de 30 g de manteiga no pão integral (como na foto)

Porção: ponta do polegar

103 calorias e 44% de gorduras; **5 g** de gorduras, sendo **2,7 g** de gordura saturada; **2,8 g** de proteína; **10 mg** de colesterol; **187 mg** de sódio; **1,9 g** de fibras

Queijos

A porção perfeita de mussarela light tem 115–154 calorias e 7–10 g de gorduras.

Porção: mão em concha

Consuma porções de 45–60 g de queijo light

A porção perfeita de queijo cheddar com baixo teor de gordura tem 74–98 calorias e 3–4 g de gordura.

Porção: três dedos

A porção perfeita de queijo emmenthal light tem 75–100 calorias e 2,1–2,8 g de gordura.

Porção: três dedos

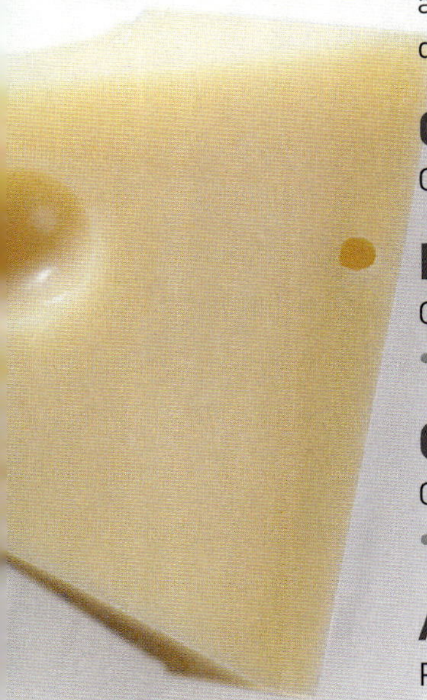

O queijo entra na nossa alimentação de várias formas – da mussarela da pizza ao queijo derretido do cheeseburger, passando, é claro, pelo parmesão ralado da macarronada. O queijo prato acrescenta um sabor especial à omelete, enquanto o brie dá um toque de classe a sanduíches na baguete. Mas o queijo é um bom alimento?

Todos os queijos contêm muitos nutrientes, em especial, cálcio, por isso eles são um ingrediente valioso de qualquer programa alimentar. É importante, porém, observar o tamanho das porções. Se você seguir as orientações abaixo, poderá aproveitar as texturas e os sabores dos queijos sem culpa.

Quanto posso comer?

Coma porções de 45–60 g de queijos light (com baixo teor de gordura).

Boas opções

Queijo prato light • Cream cheese light • Queijo cottage light • Queijo ricota light.

Coma com moderação

Queijos integrais • Pasta de queijo integral • Pizzas de mussarela • Molhos e sopas de queijo.

Alerta

Prefira os queijos com baixo teor de gordura a fim de reduzir sua ingestão de calorias e de gorduras. Compare a porção de 45 g dos queijos integrais a seguir com os queijos light das fotos ao lado e veja a diferença: o cheddar integral tem 171 calorias e 14,1 g de gordura; o emmenthal integral tem 162 calorias e 11,9 g de gordura.

Não sucumba à tentação do queijo quando sair para comer, caso contrário logo ultrapassará a quantidade recomendada de calorias:

- As baked potatoes com recheio de queijo e bacon são um petisco saboroso, mas apenas 100 g fornecem um sexto da dose diária recomendada de gorduras.
- Uma porção de 60 g de queijo camembert frito com gelatina de groselha tem 264 calorias e 17,6 g de gorduras.
- Os nachos com queijo derretido são outro perigo. Uma porção de 12–16 nachos tem mais de 1.200 calorias!

Ovos

Sim! Você pode comer uma omelete com queijo

Um ovo inteiro misturado a duas claras resulta numa porção saudável para o café-da-manhã (*ver receita, p. 174*).

Omeletes, fritadas e ovos estrelados são uma delícia a qualquer hora do dia, mas o que dizer daquela omelete feita com quatro ovos inteiros que você come no café-da-manhã? Ou da quiche do almoço? Não se esqueça dos ovos que come quando aprecia sobremesas com creme. Tudo somado, é muito fácil ingerir uma porção absurda de ovos num só dia.

O que fazer, então? Basicamente, os ovos são uma fonte excelente e barata de proteína. Os culpados da má alimentação são, na verdade, o bacon e a salsicha eventualmente acrescentados à omelete e as sobremesas à base de cremes.

Quanto posso comer?

Estabeleça como porção um ovo inteiro e duas claras ou dois ovos inteiros.

Melhor evitar

É preciso estar alerta para não comer diariamente uma grande quantidade de ovos sem perceber e para que eles sejam preparados de forma saudável. Estas são as ciladas mais comuns: os ovos ocultos nas quiches, bolos e sobremesas • Omeletes feitas com mais de dois ovos • Ovos fritos com manteiga ou bacon • A salsicha e o bacon às vezes servidos com a omelete • O açúcar presente nas sobremesas com creme.

Novidades sobre ovos e colesterol

Os ovos deram a volta por cima. Por muitos anos pensou-se que eles aumentassem o colesterol, mas pesquisas recentes mostram que pessoas que fazem uma dieta com pouca gordura podem comer um ou dois ovos por dia sem que haja alterações significativas na sua taxa de colesterol. Se preferir, coma ovos e reduza a ingestão de gorduras adotando como porção a mistura de um ovo inteiro com duas claras.

Informação nutricional

uma omelete feita com 1 ovo inteiro + 2 claras

174 calorias e 54% de gorduras; **10,5 g** de gorduras, sendo **2,8 g** de gordura saturada; **16,7 g** de proteínas; **216 mg** de colesterol; **158 mg** de sódio; **1,7 g** de fibras (*ver informação nutricional do café-da-manhã completo, p. 178*)

Porção dupla de omelete: mão

frutas, legumes e verduras

Coma esses legumes! Essa era a ordem que ouvíamos na infância – mesmo quando nossos pais não davam o exemplo. Pois bem, eles tinham razão. É preciso comer legumes, verduras e frutas, fontes indispensáveis de nutrientes que ajudam a evitar doenças do coração e derrames. Como se isso não bastasse, esses alimentos ajudam a controlar a pressão sanguínea e a prevenir alguns tipos de câncer. Eles também são ricos em fibras, que protegem contra a diverticulite. Nas páginas seguintes você descobrirá as porções perfeitas desses alimentos insubstituíveis. E não demorará muito a entender que seus pais estavam cobertos de razão. Para aprender a incorporar as frutas, os legumes e as verduras à Dieta da Porção Perfeita, veja o Programa de Sete Dias, nas páginas 160–180.

Hortaliças liberadas

Com certeza você sabe que legumes e verduras fazem bem à saúde, mas quantas refeições você faz sem colocar no prato nada verde, vermelho, laranja ou amarelo? Este é o momento de endireitar as coisas. As opções listadas nestas páginas têm poucas calorias e muitos nutrientes.

Porção de 140 g: muitos benefícios à saúde

Quanto posso comer?

Os especialistas recomendam a ingestão de no mínimo cinco porções de frutas, legumes e verduras por dia, ou 400 g. Eu recomendo o consumo de 225–600 g de hortaliças (cruas), mas o resultado será ainda melhor se você comer 115–300 g por refeição. Se preferir, pode beber um copo de 250 ml de suco de tomate ou de verduras no lugar de uma porção de 55–150 g de legumes e verduras.

Encha o prato de verde com esta porção de 145 g de brócolis, que contém apenas 50 calorias.

Porção: dois punhos

Não hesite: são apenas 54 calorias

Esta porção de 300 g de tomate-cereja contém apenas 54 calorias.

Porção: dois punhos

Boas opções

Coma qualquer um destes legumes e verduras para alcançar a quantidade diária recomendada: Abóbora (todas as variedades) • Acelga • Alcachofra • Aspargo • Berinjela • Broto de feijão • Mostarda • Brócolis • Couve-de-bruxelas • Cenoura • Couve-flor • Aipo (salsão) • Escarola • Abobrinha • Pepino • Alho • Vagem • Pimentão vermelho, amarelo e verde • Couve-manteiga • Couve-rábano • Alface (todas as variedades) • Cogumelo • Quiabo • Cebola • Repolho branco e roxo • Espinafre • Rúcula • Tomate.

Hortaliças a limitar

Todos os legumes e verduras são bons para a saúde, mas alguns são melhores que outros. As porções das variedades a seguir – que classifico de "hortaliças a limitar" – são diferentes. As espécies listadas abaixo devem ser consumidas com moderação.

Estes vegetais são uma fonte importante de carboidratos e nutrientes e devem fazer parte de um programa alimentar saudável, mas precisam ser consumidos em quantidades pequenas, porque têm muitas calorias.

Quanto posso comer?

Coma porções de 70–75 g das seguintes variedades (cruas):

- Batata
- Batata-doce
- Ervilha
- Fava
- Inhame
- Mandioca
- Mandioquinha
- Milho
- Soja em grão

Coma estas variedades em porções menores

Uma porção de batata-doce de 65 g tem 56 calorias.

Porção: meio punho

Uma porção de 75 g de milho tem 66 calorias.

Porção: meio punho

Como consumir

- A melhor maneira de preparar estas hortaliças é cozinhá-las em água ou no vapor – se você estiver com pressa, cozinhe-as no microondas.
- Para não perder tempo, use hortaliças congeladas.
- Se usar legumes enlatados, compre apenas as marcas que não levam sal.
- Use estes vegetais para engrossar sopas, molhos e cozidos. Seu prato ganhará sabor, nutrientes e textura.
- Não sirva estas hortaliças na manteiga.
- Estas variedades são uma alternativa substanciosa ao arroz e ao macarrão.

Uma porção de 75 g de ervilhas tem 56 calorias.

Porção: meio punho

Batata

O purê de batata não tem mais do que 207 calorias por 115 g.

Porção: mão em concha

Escolha uma destas para uma refeição saudável

Uma porção de batata de 115 g tem cerca de 100 calorias.

Porção: mão em concha

Em 1960, os americanos consumiam em média 37 quilos de batata fresca e 1,8 quilo de batata congelada por ano. Em 2000 esses números haviam subido para 68 quilos e 14 quilos, respectivamente. Toda essa batata termina na cintura...

Quanto posso comer?

Consuma porções de 115–170 g de batata cozida. Se você fizer uma atividade física durante uma hora por dia, pode aumentar a porção para 227 g.

Como consumir

Aqui estão algumas dicas de como apreciar batatas sem extrapolar a quantidade recomendada de calorias:

- Misture com outros legumes para aumentar a porção de comida.
- Evite as batatas farinhentas, pois elas necessitam de mais gordura para ficarem úmidas e saborosas.
- As batatas novas são tão doces que precisam apenas de um pouco de azeite, sal e pimenta. Ponha salsa e cebolinha para dar mais sabor e cor.
- Experimente a batata com alecrim. Corte-a em cubos e tempere com azeite, alecrim, sal e pimenta. Asse por 30–40 minutos, a 200°C.
- Fatie a batata e cozinhe em caldo de frango com pouco sal e 1 colher (sopa) de óleo de canola. Deixe cozinhar até a batata ficar macia e absorver todo o caldo.

Truques do purê

O purê de batata é muito popular, mas, se você o preparar com manteiga e leite integral ou creme de leite, ele ficará muito calórico e gordo. Siga estas dicas para uma porção de batata de 115 g:

- Use 120 ml de leite desnatado, 1 colher (chá) de manteiga e 1 colher (chá) de óleo de canola.
- Amasse a batata com um pouco da água do cozimento, alho e azeite, em vez de leite ou creme de leite e manteiga.
- Misture 60 ml de leitelho à batata amassada em vez de leite ou creme de leite e manteiga, e polvilhe com cebolinha.
- Cozinhe na água ou no microondas 115 g de couve-flor, ou erva-doce, ou aipo (salsão), junte à batata cozida e amasse conforme um dos truques acima.

Refogue a batata com óleo de canola ou azeite. Uma porção de 115 g terá 170 calorias.

Porção: mão em concha

Porção distorcida: batata frita

Se comer este tanto você consumirá

45%

das calorias diárias

porção exagerada

Você tem idéia de quanto aumentou o tamanho da porção de batata frita? Hoje uma porção tem cerca de 200 g e 610 calorias. Vinte anos atrás a norma era a porção de 210 calorias. Isso significa um aumento de quase 200%. Não é de estranhar que o tamanho das pessoas tenha aumentado também. Um indivíduo de 73 kg precisaria caminhar 1h10min em ritmo moderado para gastar essas calorias.

Faça as contas! Cerca de 20 palitos = 1 porção

Consuma porções de 85 g de batata frita em óleo de milho ou de canola. A batata feita no forno é mais saudável.

Porção: duas mãos em concha

porção perfeita

Experimente esta alternativa: aqueça o forno a 230°C e forre uma assadeira com papel-alumínio. Pincele o alumínio com 1 colher (sopa) de óleo de canola. Descasque e corte em palitos 115 g de batatas. Espalhe os palitos pelo óleo até cobrir todos os lados. Tempere com um pouco de sal. Leve ao forno por 15 minutos, vire as batatas e asse por mais 15 minutos, até elas ficarem crocantes.

Informação nutricional

porção de 85 g de batata frita (como na foto)

210 calorias e 58% de gorduras; **13,6 g** de gorduras, sendo **1,8 g** de gordura saturada; **2,4 g** de proteínas; **20,5 g** de carboidratos; **0 mg** de colesterol; **6 mg** de sódio; **1,5 g** de fibras

Porção distorcida: baked potato

porção exagerada

O problema da baked potato não é a batata, mas a cobertura. Se você comer uma baked potato de 340 g como a da foto acima, com manteiga e creme azedo, estará ingerindo 578 calorias. E esse deveria ser o total de calorias de uma refeição completa, não de um acompanhamento. Essa é a porção típica servida nas praças de alimentação dos shopping centers. Tenha cuidado também com as coberturas de queijo.

136 calorias nesta batata de 130 g, com molho

Um delicioso molho de tomate (*ver outras dicas abaixo*) torna a porção de 115 g muito saudável.

Porção: punho

porção perfeita

Experimente estas diferentes coberturas:

- Misture 1 colher (sopa) de creme azedo light a 1 colher (sopa) de iogurte desnatado e salpique cebolinha.
- Misture 2 colheres (sopa) de iogurte desnatado a 2 colheres (chá) de mostarda em grão e 2 colheres (sopa) de cebolinha picada.
- Aqueça 35 g de cogumelos fatiados com 1 colher (chá) de azeite e salsa picada.

Informação nutricional

porção de 115 g de baked potato com molho

136 calorias e 2% de gorduras; **0,4 g** de gorduras, sendo **0,1 g** de gordura saturada; **4,4 g** de proteína; **0 mg** de colesterol; **563 mg** de sódio; **3,3 g** de fibras

Leguminosas

Transforme o homus, uma pasta de grão-de-bico, em um lanche ou aperitivo delicioso, servindo-o com legumes crus.

Homus com legumes crus: um lanche saudável

Arroz, feijão, sopa de ervilha... quem não gosta desses pratos saborosos e reconfortantes? E o melhor é que eles fazem bem à saúde, pois contêm muita fibra e proteína vegetal. É muito fácil adicionar as leguminosas à alimentação. Misture-as às saladas, ao arroz integral; faça enrolados ou patês. Porém, lembre-se de que nenhuma leguminosa lhe fará bem se você comer um prato inteiro dela.

Quanto posso comer?

Prepare porções de 85–100 g de leguminosas cozidas. Essa quantidade pressupõe que as leguminosas serão consumidas com outros alimentos numa mesma refeição.

Boas opções

Qualquer leguminosa é saudável. Experimente: Feijão-preto • Feijão-fradinho • Feijão-manteiga • Feijão-branco • Grão-de-bico • Feijão-carioquinha • Lentilha • Ervilha partida • Há homus de boa qualidade – feito com grão-de-bico – nas casas de produtos árabes e nos mercados. Tenha-o sempre em casa para preparar lanches. Coma 2 colheres (sopa) de homus com legumes crus ou bolachas de água e sal.

Dicas de cozimento

É preciso deixar a maior parte das leguminosas de molho durante a noite. Se não houver tempo para isso, prefira as leguminosas enlatadas, pois elas têm o mesmo valor nutricional. Lave-as e escorra-as. A lentilha não precisa de molho e leva apenas 20 minutos para cozinhar.

Opção vegetariana

As leguminosas são uma ótima fonte de proteínas para os vegetarianos. As alternativas vegetarianas do Programa de Sete Dias (*ver pp. 160–175*) ensinam a substituir a carne por leguminosas.

Informação nutricional

Porção de homus: meio punho

porção de 2 colheres (sopa) de homus com legumes crus (como na foto)

107 calorias e 28% de gorduras; **3,3 g** de gorduras, sendo **0,5 g** de gordura saturada; **4,2 g** de proteínas; **0 mg** de colesterol; **194 mg** de sódio; **61 g** de fibras

Saladas

As saladas verdes podem entrar na conta das cinco porções diárias de frutas, legumes e verduras. As folhas quase não contêm calorias e são responsáveis por um bom aporte de nutrientes à refeição. Se quiser um almoço rápido, encha o prato de salada e acrescente 115 g de frango ou salmão grelhados. No jantar, coma a salada com 170 g de frango ou salmão grelhado e duas fatias de pão integral ou 105 g de macarrão cozido.

Os bufês de salada são ótimos; além de nutritivos, eliminam a necessidade de lavar e picar legumes e folhas. Porém, preste atenção aos perigos ocultos: pedacinhos de bacon, croûtons e molhos pesados podem fazê-lo comer mais calorias do que o recomendado.

As saladas entram na conta das cinco porções diárias de frutas, legumes e verduras

Quanto posso comer?

Prepare 95–110 g de folhas e 1 colher (sopa) de molho por pessoa. Você verá que essa quantidade é suficiente para temperar bem a salada. Outra opção é colocar o molho no canto do prato e passar as folhas nele à medida que as for comendo. Use essas informações apenas como orientação, pois as saladas estão totalmente liberadas.

Boas opções

Coma porções de 40–360 g das seguintes variedades: Espinafre • Aipo (salsão) • Alface-americana • Alface-romana • Alface-crespa • Alface-lisa • Alface-roxa • Cebola • Pimentão (vermelho, verde e amarelo) • Radicchio • Rabanete • Pepino • Rúcula • Escarola • Agrião • Tomate.

Coma com moderação

Quanto aos "extras", seja parcimonioso. Veja a quantidade de calorias de algumas opções: 1 colher (sopa) de bacon em pedaços tem 33 calorias • 8 g de croûtons têm 46 calorias • 1 colher (sopa) de nozes-pecã tem 51 calorias • 1 colher (sopa) de nozes tem 46 calorias • 1 colher (sopa) de queijo light tem 30 calorias • 34 g de ovo cozido picado têm 53 calorias • 5 azeitonas têm 22 calorias • 5 filés de alici têm 42 calorias • 1 colher (sopa) de queijo parmesão ralado tem 22 calorias

Coma suas verduras na forma de salada

Apenas 1 colher (sopa) de molho é suficiente para sua porção de salada. Ela tem 72 calorias e 8 g de gorduras.

Você pode apreciar sua porção de 94–110 g de salada de folhas como acompanhamento ou prato principal. Neste caso, acrescente uma proteína e duas fatias de pão integral.

Informação nutricional

porção de salada mista de 95–110g (como na foto)

Porção: dois punhos

16 calorias e 17% de gorduras; **0,2 g** de gorduras, sendo **0 g** de gordura saturada; **1,8 g** de proteínas; **2,7 g** de carboidratos; **0 mg** de colesterol; **8 mg** de sódio; **2 g** de fibras

Receitas de salada

As saladas de batata e de repolho são perfeitas para acompanhar hambúrgueres, sanduíches de carne e costela grelhada, mas não são lá muito saudáveis. Experimente as receitas abaixo, criadas por mim, para comer suas saladinhas sem perder de vista as porções perfeitas.

Prefira o azeite, que faz bem ao coração

Quanto posso comer?

Pense em porções de 120 g de salada de repolho e de 125 g de salada de batata. Se você colocar 90–100 g de legumes por pessoa na salada de batata, poderá comer mais, estabelecendo como porção 250 g.

Salada de repolho com maionese (Serve 1)
Misture 1 colher (sopa) de maionese light, 1 colher (sopa) de vinagre branco, 1 colher (chá) de mostarda de Dijon e 1/2 colher (chá) de açúcar. Tempere com sal e pimenta a gosto. Despeje o molho sobre 70 g de uma mistura de repolho picado com aipo, ou cebola, ou cenoura, ou cebolinha fatiados.

Salada de repolho com azeite e vinagre (Serve 1)
Junte 1/2 colher (sopa) de raiz-forte preparada e 1 colher (sopa) de molho de azeite e vinagre e despeje sobre 70 g de uma mistura de repolho (*ver acima*).

Salada de batata com maionese (Serve 1)
Junte 1 colher (sopa) de maionese light com 1 colher (sopa) de iogurte natural desnatado e 1 colher (chá) de mostarda de Dijon. Adicione cebolinha picada, sal e pimenta-do-reino a gosto. Misture com 80 g de batata cozida em cubos e um pouco de aipo (salsão) ou cebola picados.

Salada de batata com azeite e vinagre (Serve 1)
Junte 1 colher (sopa) de vinagre branco, mostarda de Dijon e a água do cozimento da batata com 1 colher (chá) de óleo de canola. Misture com 80 g de batata em cubos e um pouco de aipo (salsão) ou cebola picados.

Salada de batata como prato principal (Serve 1)
Misture 115 g de frango assado, atum grelhado ou camarões cozidos à salada de batata se quiser um prato completo.

Use azeite de oliva em pequenas quantidades, para obter a gordura monoinsaturada necessária sem extrapolar as calorias.

Alguns molhos rápidos

Molho de queijo gorgonzola (I) (Serve 1)
Coloque 2 colheres (chá) de vinagre de vinho branco, 2 colheres (chá) de azeite e 14 g de queijo gorgonzola desmanchado numa molheira ou num pote com tampa e misture bem.

Molho de queijo gorgonzola (II) (Serve 1)
Coloque 14 g de queijo gorgonzola desmanchado e 1 colher (sopa) de molho vinagrete light numa molheira ou num pote com tampa e misture bem.

Molho Caesar (Serve 1)
Em uma molheira, misture 1 filé de alice bem picado com 1½ colher (sopa) de molho de azeite e vinagre.

Molho vinagrete (Serve 1)
Misture 1 colher (chá) de mostarda de Dijon e 1 colher (chá) de vinagre de vinho tinto em uma molheira. Junte 2 colheres (chá) de óleo de canola ou de azeite, sal e pimenta-do-reino a gosto.

Variações do vinagrete
O molho vinagrete clássico é excelente, mas vale a pena experimentar algumas variações:

- Adicione 1 dente de alho amassado.
- Adicione 2 colheres (chá) de ervas frescas picadas (por ex., salsa, cebolinha, coentro ou hortelã) ou ½ colher (chá) de ervas secas.
- Adicione 1 colher (sopa) de manjericão fresco picado.
- Adicione 1 colher (chá) de raiz-forte preparada.
- Adicione 2 colheres (chá) de cebola roxa bem picada.
- Adicione 1 colher (chá) de gengibre fresco ralado.
- Adicione 1 colher (chá) de shoyu com baixo teor de sódio.

Óleos

Os óleos monoinsaturados e os poliinsaturados são essenciais à saúde. Quanto consumir? Pense em termos de 1 colher (chá), que comporta 40 calorias. O azeite de oliva e o óleo de canola são as melhores fontes de gordura monoinsaturada, ao passo que o óleo de soja e o de girassol são considerados poliinsaturados. Essas são as "gorduras boas". Tenha cuidado com o óleo de coco e o azeite de dendê, pois eles têm alto teor de gordura saturada.

Frutas

As frutas expostas nos supermercados ou nas barracas de feira são tão bonitas que dão água na boca. E por conterem muitos nutrientes e fibras, são presença obrigatória em nossa mesa todos os dias. As frutas têm ainda açúcares naturais e por isso é preciso prestar um pouco de atenção às porções consumidas, para não ingerir mais calorias do que o estritamente recomendado.

As frutas cítricas (laranja, grapefruit, tangerina) têm bastante vitamina C. A banana contém potássio, vitamina B6 e fibras. A pêra e a maçã têm cerca de 4 g de fibras, e ainda mais se forem consumidas com a casca. Frutas como a manga e a papaia são ricas em fibras, vitamina C e carotenóides, que ajudam o corpo a fortalecer o sistema imunológico.

Não exagere no consumo de banana

Não exagere: uma banana de 100 g é a porção perfeita; tem apenas 89 calorias.

Porção: mão

Um cacho inteiro de uvas é uma opção tentadora mas perigosa. Coma apenas 160 g, ou cerca de 20 uvas, que têm 110 calorias.

Porção perfeita: 20 uvas

Porção: mão em concha

Blueberries (mirtilos), morangos e framboesas são ricos em antioxidantes e outras substâncias que ajudam a prevenir doenças. Quanto mais escura a baga, mais proteção ela oferece. Essas frutas são ainda uma fonte excelente de vitamina C e fibras.

Pêssegos, nectarinas, damascos e cerejas também contêm vitamina E, difícil de ser encontrada em alimentos não gordurosos. Além disso, o damasco tem betacaroteno, que nosso organismo converte em vitamina A, essencial para a saúde dos olhos, da pele e das mucosas.

Já o melão – seja qual for a espécie – é rico em vitamina C, ácido fólico e potássio. O melão-cantalupo é o mais nutritivo, por causa da alta concentração de betacaroteno, que lhe dá a cor laranja característica. Esse antioxidante reduz o risco de doenças crônicas. Já a melancia contém licopeno, um carotenóide que ajuda a prevenir o câncer.

O morango é uma grande opção

Porção: punho

Inclua 145 g de morangos em sua Dieta da Porção Perfeita; são apenas 45 calorias.

Quanto posso comer?

Recomendo que você consuma diariamente 160–400 g de frutas. É melhor comer a fruta em vez de tomar seu suco, pois este não tem fibras e não dá a sensação de saciedade.

Boas opções

O melhor é comer frutas variadas, mas tenha cuidado, pois o tamanho de algumas também aumentou ao longo dos anos. Consuma uma porção destas frutas para conseguir atingir a meta de 160–400 g por dia: Maçã – uma pequena (cerca de 105 g) • Damasco – quatro médios (cerca de 155 g) • Banana – uma de 20 cm (cerca de 120 g) • Amoras, 145 g • Blueberries (mirtilos), 145 g • Melão-cantalupo em cubos, 160 g • Cereja com caroço, 117 g • Figo – quatro, frescos (cerca de 200 g) • Grapefruit – um de 10 cm de diâmetro (cerca de 245 g) • Uvas – vinte (cerca de 160 g) • Melão comum em cubos, 170 g • Kiwi – dois pequenos (cerca de 135 g) • Manga – uma média (cerca de 165 g) • Nectarinas – uma média (cerca de 140 g) • Laranja – uma grande (cerca de 180 g) • Papaia em cubos, 140 g • Pêssego – um médio (cerca de 170 g) • Pêra – uma média (cerca de 165 g) • Abacaxi em cubos, 155 g

• Ameixa – duas grandes (cerca de 165 g) • Framboesas, 123 g • Morangos inteiros, 144 g • Tangerina – duas (cerca de 195 g) • Melancia em cubos, 150 g.

Frutas secas

Todas as frutas secas têm bastante calorias e muito açúcar. Procure comer porções de apenas 35–40 g de cada uma delas. As frutas secas devem ser contadas como parte do consumo recomendado de 160–400 g de frutas por dia.

Uma porção de 35 g de damascos secos tem apenas 60 calorias.

Porção: um quarto de punho

Esta porção de 35 g de figo é uma boa opção para o lanche, pois tem apenas 93 calorias.

Porção: um quarto de punho

Esta porção de 40 g de passas tem 107 calorias.

Porção: um quarto de punho

Frutas secas em porções perfeitas

Porção distorcida: suco

Este copo de suco de laranja de 350 ml contém

168

calorias na forma de açúcar

porção exagerada

O suco de laranja tem muita vitamina C, mas também muito açúcar e quase nenhuma fibra. O suco natural, feito na hora, é melhor, mas são necessárias seis laranjas para obter um copo de 350 ml. O mesmo vale para o suco de quase todas as demais frutas. O maior perigo, porém, está nos sucos artificiais. Muitos não passam de uma mistura de água, açúcar e aromatizante.

Se você adora tomar suco de manhã, mas está controlando o peso, siga estas recomendações começando pelo topo da lista. A porção perfeita tem 180 ml:

- Suco de grapefruit não adoçado (71 calorias, 17 g de carboidratos)
- Suco de laranja não adoçado (84 calorias, 19 g de carboidratos)
- Suco de maçã não adoçado (90 calorias, 22 g de carboidratos)
- Suco de uva não adoçado (96 calorias, 24 g de carboidratos)
- Suco de abacaxi não adoçado (102 calorias, 24 g de carboidratos)
- Suco de ameixa (136 calorias, 34 g de carboidratos)

porção perfeita

Informação nutricional

porção de 180 ml de suco de laranja fresco

84 calorias e 5% de gorduras; **0,5 g** de gorduras, sendo **0,1 g** de gordura saturada; **1,5 g** de proteínas; **0 mg** de colesterol; **2 mg** de sódio; **0,4 g** de fibras

O suco de laranja natural faz bem, mas não tem as fibras da fruta.

cereais

Os cereais estão em toda parte – no pão, nos salgadinhos, nos cereais matinais e até mesmo na pizza. São eles também que compõem o macarrão e as massas em geral. Os cereais integrais contêm a semente inteira do grão. Conhecidos como carboidratos complexos, são digeridos lentamente, por isso nos deixam satisfeitos. Já os carboidratos simples, como o arroz e o pão brancos, são digeridos de forma tão rápida que uma hora depois de comê-los estamos com fome de novo. Leia as páginas a seguir e aprenda quanto consumir para manter as porções ideais e não ultrapassar a ingestão recomendada de calorias (enchendo esses cereais de gordura). Para descobrir como incorporar os cereais à Dieta da Porção Perfeita, veja o Programa de sete dias, nas páginas 160–180.

Duas fatias de 30 g de pão integral fornecem as fibras, o ferro e as vitaminas de que você precisa para se sentir satisfeito por mais tempo.

Não coma mais de duas fatias de uma só vez!

Pães

Aquele aroma delicioso que vem da padaria deixa você com água na boca? Bem, você não é o único. Certos estabelecimentos capricham tanto nos pães e nas rosquinhas que os clientes, antes mesmo de perceberem o que estão fazendo, agarram os produtos assim que eles chegam ao balcão.

Diante de uma cesta cheia, é fácil comer dois pãezinhos sem perceber

Imagine esta situação: você teve um longo dia de trabalho e saiu para jantar com amigos. Chega a cesta de pães. Eles estão quentes e convidativos. Sem perceber, você come dois pãezinhos, para não falar da manteiga que os acompanhava. E daí? A resposta dependerá do tipo de pão consumido e do tamanho da porção.

Os pães branco, preto, de grãos e integral industrializados são bastante convenientes, mas tente variar um pouco suas escolhas: faça sanduíches com pão sírio e use massa para tortilha para compor enrolados de vários tipos. Experimente a baguete para acompanhar pratos franceses e o pão de centeio para rosbife e frios.

Quanto posso comer?

Consuma 30–60 g de pão por dia. Os órgãos responsáveis pela alimentação nos Estados Unidos recomendam a ingestão de três porções diárias de cereais integrais. Assim, procure comer pelo menos metade da sua porção de pão na forma integral.

Boas opções

Há uma grande variedade de pães no mercado. Coloque as seguintes opções no topo da sua lista: uma fatia de 30 g de pão integral tem 69 calorias, fibras, ferro e vitaminas • O pão sírio integral de 15 cm tem 145 calorias e um pouco de fibra • As massas para tortilha são outra opção; um disco de 15 cm de diâmetro tem 145 calorias

Informação nutricional

porção de 60 g de pão integral (como na foto)

Porção: palma

138 calorias e 15% de gorduras; **2,4 g** de gorduras, sendo **0,5 g** de gordura saturada; **5,4 g** de proteínas; **0 mg** de colesterol; **298 mg** de sódio; **3,8 g** de fibras

• Uma fatia de baguete de 30 g tem 78 calorias • Uma fatia de 30 g de pão de centeio tem 73 calorias.

Melhor evitar

A cestinha de pães do restaurante oferece uma série de perigos. Cuidado com: pão branco, em especial com muita manteiga. Prefira molhar o pão no azeite • Não exagere na tortilha; um disco de 25 cm tem 130 calorias • Cuidado também com o croissant; uma unidade de 60 g sem manteiga nem geléia tem 247 calorias.

A porção perfeita de pão sírio tem 15 cm de diâmetro.

Esta é sua porção – e não a baguete inteira!

Porção: meio punho

Um pedaço de baguete de 30 g é a porção perfeita, por isso não caia na tentação de comê-la inteira.

O ferro e algumas vitaminas são acrescidos aos grãos refinados, mas não a fibra

Como consumir

Leia os rótulos. Se um rótulo diz "100% trigo", isso não significa que o trigo seja 100% integral. A maior parte dos pães é feita de trigo. A questão é saber se ele é integral (contém o germe e o farelo) ou refinado. O refinamento deixa o grão mais liso e longo, mas remove as fibras, o ferro e muitas vitaminas do complexo B. Para compensar essa perda, os grãos refinados são fortificados. Por exemplo, certas vitaminas do complexo B e o ferro são colocados de volta, mas as fibras, que são essencias à saúde, não. Não se deixe enganar pela cor do pão. Alguns são mais escuros porque recebem corantes.

Os perigos do pão com alho

O problema é que em muitos restaurantes a porção de torradas com alho tem 230 g. Isso equivale a 810 calorias e 38 g de gorduras, em geral saturada, originária da manteiga e do queijo. Se você não consegue passar sem essas torradas, faça-as em casa, com fatias de baguete de 30 g. Regue as fatias com azeite e espalhe nelas o alho amassado. Toste até ficarem douradas. Dessa forma você poderá degustar seu pão com alho ingerindo apenas 185 calorias e 4,5 g de gorduras.

Porção distorcida: sanduíches

porção exagerada

Vinte anos atrás um sanduíche de peru com torradas tinha 320 calorias. Hoje ele aumentou tanto que tem 820 calorias. São 500 calorias a mais! Muitos sanduíches que costumamos comer no almoço têm 230 g de carne, quantidade que deveria ser consumida em duas refeições. O pão, obviamente, também ficou maior para acomodar a carne, e ganhou recheios extras, como uma montanha de queijo derretido.

Saboroso e nutritivo, tem apenas 363 calorias

Se o sanduíche do almoço tem mais de 115 g de carne e mais de duas fatias de 30 g de pão, guarde metade para o jantar.

Porção: duas mãos

porção perfeita

O que comer, então? Peça um sanduíche com apenas duas fatias de 30 g de pão integral e no máximo 115 g de proteína magra, como carne ou peixe. Mande acrescentar alface, tomate, pepino, pimentão vermelho assado ou outros legumes. O sanduíche continuará substancioso, mas fornecerá apenas 363 calorias e 8,1 g de gorduras.

Informação nutricional

sanduíche de peito de peru (como na foto)

363 calorias e 20% de gorduras; **8,1 g** de gorduras, sendo **1,4 g** de gordura saturada; **39,9 g** de proteínas; **36,1** de carboidratos; **80 mg** de colesterol; **465 mg** de sódio; **3,0 g** de fibras

Receitas de sanduíches

Há sanduíches que valem por um almoço. Pegue duas fatias de 30 g de pão integral ou de centeio e incremente-as com seu recheio favorito. As opções abaixo são excelentes para a Dieta da Porção Perfeita.

Incremente sua porção de pão com um destes recheios deliciosos

Queijo quente (Serve 1)

Agrada a todas as faixas etárias. Prepare com duas fatias de 30 g de pão integral e 60 g de queijo prato light.

Rosbife e raiz-forte (Serve 1)

Prepare com 1 colher (sopa) de maionese, 1 colher (sopa) de raiz-forte preparada, 115 g de rosbife, peito de peru, peito de frango ou presunto magro e duas fatias de 30 g de pão integral.

Atum (Serve 1)

Prepare o sanduíche com 115 g de atum em lata (light) escorrido misturado a 1 colher (sopa) de maionese e 1 colher (sopa) de suco de limão. Adicione 30 g de aipo (salsão) ralado, 40 g de cebola picada e 1 colher (sopa) de ervas. Sirva em duas fatias de 30 g de pão de centeio.

Ovo com salada (Serve 1)

Para comer um sanduíche de ovo com salada saudável, misture 1 ovo cozido picado, 2 gemas cozidas picadas, 1 colher (sopa) de maionese, 25 g de aipo (salsão) picado e 1 colher (sopa) de salsa picada. Passe a mistura em duas fatias de 30 g de pão integral.

Queijo roquefort e nozes (Serve 1)

Este recheio sofisticado pode ser consumido, desde que não se exagere na quantidade. Misture 1 colher (sopa) de leite desnatado com 30 g de queijo roquefort. Espalhe em duas fatias de 30 g de pão integral e adicione 1 colher (sopa) de nozes picadas e ½ maçã fatiada.

Sanduíche de camarão (Serve 1)

Pique 115 g de camarões limpos e cozidos junto com 30 g de aipo (salsão). Misture com 1 colher (sopa) de maionese e 1 colher (sopa) de suco de limão. Passe em duas fatias de 30 g de pão de centeio.

Não exagere na pasta de amendoim

Duas colheres (sopa) de pasta de amendoim têm 188 calorias e 16 g de gorduras.

Pasta de amendoim

Um sanduíche de pasta de amendoim com geléia pode ser bom desde que a porção não seja exagerada.
Passe 2 colheres (sopa) de pasta de amendoim e 1 colher (sopa) de geléia em duas fatias de 30 g de pão integral. Esse sanduíche tem 382 calorias e 18,4 g de gorduras.

Porção distorcida: tacos

porção exagerada

Os tacos mexicanos são um alimento bem calórico. E quem consegue comer apenas um? Um prato com três tacos com nachos e queijo tem mais de 1.500 calorias – sem contar a bebida. Um taco de 115 g como o mostrado acima contém ainda 350 mg de sódio e 14 g de gorduras, ou seja, quase um quarto do que se deve comer em um dia. No entanto, veja na foto da página ao lado um taco bom para você.

Comer tacos é divertido. Prove este!

Um taco com 2 colheres (sopa) de carne moída e molho em vez de queijo tem apenas 10 g de gorduras e 125 mg de sódio.

Porção: duas mãos em concha

porção perfeita

O truque é controlar o tamanho da porção e pedir um taco com molho em vez de queijo. Sim, isso existe. Coma apenas um para reduzir a ingestão de gorduras para menos de 10 g e a de calorias para 220. Coma três em uma refeição. Quanto ao restante da culinária mexicana, peça fajitas com carne grelhada e legumes e burritos sem arroz e sem queijo.

Informação nutricional

um taco (como na foto)

220 calorias e 43% de gorduras; **10,5 g** de gorduras, sendo **3,8 g** de gordura saturada; **15,3 g** de proteínas; **41 mg** de colesterol; **125 mg** de sódio; **1,1 g** de fibras

Roscas e pães doces

Quem toma o café-da-manhã na rua dá sempre de cara com muffins, croissants e roscas. É difícil resistir, mas preste atenção ao que você come. Um muffin de 170 g tem cerca de 500 calorias. Vinte anos atrás eram apenas 210. Nessa época o muffin tinha o tamanho de um ovo e pesava 70 g. Atualmente, nem os minimuffins chegam a ser tão pequenos.

O mesmo vale para os saborosos e amanteigados croissants. Eles também ficaram maiores. Um croissant de 100 g tem cerca de 400 calorias e 20 g de gorduras (em grande parte saturada). Comer um croissant desses é o mesmo que comer três fatias de pão com cinco bolinhas de manteiga.

E as roscas do tipo donut? Cresceram tanto quanto os muffins e os croissants. Em média, os donuts atuais são duas vezes maiores que os de duas décadas atrás. Como são grandes, recheados de açúcar e fritos, devem ser comidos muito raramente.

Um muffin de 30 g deixará você satisfeito

Porção: meio punho

Um muffin de 30 g tem 79 calorias, 13,6 g de carboidratos, 1,8 g de gorduras e 0,7 g de fibras.

A porção perfeita de croissant é do tamanho de um CD

Porção: palma

Coma um croissant, desde que seja pequeno: 30 g contêm 115 calorias, 13 g de carboidratos, 6 g de gorduras e 0,7 g de fibras.

Além desses perigos, existe também uma incrível variedade de pães doces: com creme, frutas cristalizadas ou frutas secas. O pão doce tem em média 520 calorias e 30 g de gorduras (principalmente a saturada); ou seja, tem a mesma quantidade de gorduras e calorias que 240 ml de sorvete cremoso. Já um croissant de 135 g recheado com amêndoas contém o mesmo teor de gordura de um café-da-manhã composto de dois ovos, duas fatias de bacon e uma torrada de pão branco com manteiga: 481 calorias e 30,5 g de gorduras. O problema é que os muffins, os croissants, as roscas e os pães doces não estão apenas nas padarias. Estão também nos aeroportos, nos shopping centers, nos cafés e nas lanchonetes.

Quanto posso comer?

Seja qual for sua escolha, atenha-se a 30 g. Se você não achar um muffin desse tamanho, corte-o. Escolha um que tenha o tamanho de um CD. Se tiver muita vontade de comer um donut, corte um pedaço de 30 g e congele o restante para comer com alguns amigos. O mesmo vale para os pães doces (inclusive os croissants recheados): se decidir prová-los, corte uma fatia de 30 g e deixe o restante para depois.

Boas opções

A melhor opção é comer uma fatia de pão de leite de 25 g, que tem 70 calorias, com 1 colher (sopa) de cream cheese light, que tem mais 35 calorias, ou 30 g de queijo prato light, que tem cerca de 49 calorias.

Cuidado com o donut – este pedaço basta

Porção: dois polegares

Estes 30 g de donut são perfeitos: 114 calorias, 12,6 g de carboidratos, 6,5 g de gorduras e 0,3 g de fibras.

Outra alternativa é passar no pão de leite uma geléia light, que tem 48 calorias por 20 g.

Melhor evitar

Donuts recheados com geléia ou creme • Crepes doces • Croissants de chocolate • Muffins gigantes • Croissants de queijo.

Como os pães doces estão maiores, nós também ficamos maiores

Porção perfeita de pão doce – coma o resto com os amigos

Porção: um quarto de punho

Coma 30 g de pão doce agora e guarde o restante para depois. Assim você ingere 105 calorias, 13,6 g de carboidratos, 5,2 g de gorduras e 0,5 g de fibras.

Porção distorcida: bagels

porção exagerada

Originalmente do tamanho de um disco de hóquei, o bagel agora tem o diâmetro de um CD. Um único bagel equivale a cinco torradas, cereal suficiente para o dia inteiro. Além de maior, atualmente o bagel quase nunca é assado sem uma cobertura gordurosa. Se você comprar um bagel de 11 cm e cerca de 115 g e passar nele 60 g de cream cheese, estará ingerindo 560 calorias.

Menos bagel, menos queijo

Um bagel de 60 g com cream cheese light se torna uma opção saudável.

Porção: palma

porção perfeita

Escolha um bagel de 7,5 cm com aproximadamente 60 g e espalhe nele 1 colher (sopa) de cream cheese light. O resultado será algo como 180 calorias. Se o bagel for maior, corte-o ao meio e tire o miolo. Ou coma apenas metade. Outra alternativa é recheá-lo com 30 g de queijo prato light ou 1 colher (sopa) de iogurte desnatado.

Informação nutricional

bagel de 60 g com cream cheese

178 calorias e 19% de gorduras; **3,8 g** de gorduras, sendo **3,2 g** de gordura saturada; **6,4 g** de proteínas; **16 mg** de colesterol; **318 mg** de sódio; **1,2 g** de fibras

Cereais matinais

Você toma o café-da-manhã correndo? Pega a caixa de cereais e despeja na tigela? Já reparou que, quanto maior a tigela, mais cereais você pega? E que quanto mais você pega, mais come? Pois a verdade é que você pode estar consumindo 240 g de cereais matinais, o que corresponde a cerca de 800 calorias, muito mais que o recomendado.

Controle a ingestão de carboidratos e gorduras comendo apenas 60 g de granola com baixo teor de gordura e iogurte sem açúcar.

Eis uma boa combinação para começar o dia

Quanto posso comer?

Se você quiser comer apenas a quantidade de calorias indicada na embalagem dos cereais matinais, terá de esquecer a tigela cheia e reduzir sua porção para cerca de 30 g.

Você pode estar consumindo 800 calorias no café-da-manhã

Boas opções

Procure consumir cereais com alto teor de fibras (ao menos 10 g por 30 g de cereal). O farelo de trigo é excelente • Prefira grãos integrais. Além de fibras, eles fornecem nutrientes e fitoquímicos, como magnésio, selênio, cobre, manganês, vitamina E e ácidos fenólicos, que protegem contra o câncer, o diabetes e as doenças cardíacas • O mingau de aveia é uma excelente fonte de grãos integrais. A qualidade e a quantidade de proteínas da aveia é muito superior à do trigo e de outros grãos. Mas a vantagem nutricional mais importante é o fato de ela possuir fibras solúveis • Consuma uma porção de granola com iogurte e amêndoas, como a da foto ao lado, no café-da-manhã (*ver receita, p.170*).

Coma com moderação

O müsli e a granola são boas opções, mas leia os rótulos antes de consumi-los; muitas marcas têm alto teor de açúcar • Procure variedades com baixo teor de gordura, com cerca de 200 calorias, 3 g de gorduras e 40 g de carboidratos por 60 g.

Melhor evitar

Nem todas as grandes marcas de cereais são saudáveis, pois contêm frutose de xarope de milho e gordura em lugar das proteínas e das fibras. É sempre importante ler os rótulos para ver a composição nutricional dos alimentos.

Como consumir

- Não estrague um bom café-da-manhã com cereais exagerando no açúcar. Adoce os cereais com uva-passa, damasco ou outra fruta seca.
- Adicione 55–85 g de frutas frescas, como figo, sementes de romã, abacaxi, pêra e maçã.
- A canela é um bom jeito de adoçar os cereais.

Informação nutricional

porção de 60 g de granola, iogurte e amêndoas (como na foto)

Porção: duas mãos em concha

415 calorias e 20% de gorduras; **9,3 g** de gorduras, sendo **1,4 g** de gordura saturada; **21,1 g** de proteínas; **5 mg** de colesterol; **324 mg** de sódio; **4,8 g** de fibras

Cereais para acompanhamento

Uma porção de 157 g de quinua tem 190 calorias e 35 g de carboidratos.

Porção: três quartos de punho

Uma porção de 180 g de trigo-cachá tem 151 calorias e 37,8 g de carboidratos.

Porção: punho

Aprecie os cereais, mas com moderação

Uma porção de 145 g de arroz integral tem 162 calorias e 33,6 g de carboidratos.

Porção: três quartos de punho

Você adora uma boa paella e não vive sem risoto? Gosta de experimentar grãos, como o trigo-sarraceno, em novas receitas de acompanhamentos? Sem perceber, enchemos os pratos com cereais e ultrapassamos em muito as porções recomendadas, muitas vezes ingerindo até 1.000 calorias em uma única refeição. Mas não é preciso evitar esses alimentos. Basta memorizar a foto ao lado e seguir as recomendações desta seção.

Aprecie uma porção perfeita de 120 g de arroz branco: são 154 calorias e 33,4 g de carboidratos.

Porção: três quartos de punho

Quanto posso comer?

As porções variam segundo o tipo de grão: Arroz branco cozido 120 g • Arroz integral cozido 145 g • Arroz-selvagem cozido 125 g • Trigo-cachá cozido 180 g • Trigo-sarraceno cozido 125 g • Quinua cozida 160 g.

Boas opções

Arroz integral • Arroz-selvagem • Trigo-cachá • Trigo-sarraceno • Quinua.

Coma com moderação

Arroz branco • Arroz jasmim (Thai) • Polenta • Cuscuz marroquino.

Melhor evitar

Arroz frito e risoto.

Como consumir

- Arroz integral ou arroz branco, qual deles comer? Os dois são nutritivos, têm pouco sódio e muito potássio, que regula o equilíbrio de líquidos no organismo. Porém, o arroz integral tem o grão inteiro e por isso é mais saudável. Ele fornece 18% da dose diária recomendada de proteínas e o triplo de fibras do arroz branco. O arroz branco perde o germe e o farelo no processamento e, junto com eles, nutrientes importantes.
- O arroz integral demora 45 minutos para cozinhar, mas existe a possibilidade de comprar marcas que vendem o produto pré-cozido para encurtar o tempo de preparo.
- O trigo-cachá e a quinua são cereais nutritivos usados há muito tempo na culinária. Deixe o trigo de molho em água, escorra e sirva com molho de salada; ou então refogue e cozinhe rapidamente com pouca água. A quinua deve ser cozida como o arroz.

Massas

Um italiano não é capaz de entender que as massas sejam servidas como prato principal. Na Itália, elas são primeiro prato ou acompanhamento e vêm em porções de 105 g (cozida). Em outros países, como o Brasil, as porções servidas são muito maiores, e a massa costuma ser o prato principal.

As massas servidas como prato principal podem ter até 700 calorias. Junto com o restante da refeição, você poderá ingerir até 1.200 calorias, quase a quantidade recomendada para um dia. Além disso, um prato que leve manteiga, creme de leite e queijo parmesão contém tanta gordura saturada quanto uma porção de 480 ml de sorvete cremoso.

Quanto posso comer?

Coma porções de 170 g de massa cozida e vá devagar com o molho e o queijo.

Boas opções

Prefira as massas integrais ou de grano duro: espaguete, fettuccine, penne, cabelo-de-anjo, lasanha, conchas, parafuso • Coma com molho marinara ou ao sugo.

Melhor evitar

Molhos com manteiga ou creme de leite: Fettuccine Alfredo • Espaguete à carbonara • Lasanha • Massas com mais de 25 g de queijo parmesão por cima • Massas com molho de carne • Canelone.

Faça um teste

Meça a quantidade de massa que você costuma comer. Talvez descubra que anda comendo três ou quatro vezes a porção recomendada.

Como consumir

As massas integrais ou de grano duro são digeridas lentamente e têm mais nutrientes, que são reduzidos no processo de refinamento. Como satisfazem mais, ajudam a controlar o apetite.

Coma sua massa junto com outros legumes

170 g de penne integral ou de grano duro com azeite e brócolis compõem um ótimo acompanhamento.

Porção: duas mãos em concha

Informação nutricional

porção de 170 g de macarrão integral com brócolis (como na foto)

379 calorias e 39% de gorduras; **3 g** de gordura saturada; **14,4 g** de proteínas; **49,9 g** de carboidratos; **4 mg** de colesterol; **134 mg** de sódio; **3,9 g** de fibras (*ver análise nutricional da receita toda, p. 176*)

Porção distorcida: pizza

porção exagerada

Tome uma garrafa de cerveja e coma quatro pedaços de pizza grande – a da foto está em tamanho real, mas não coube na página! – e você estará ingerindo 2.100 calorias, 50% a mais do que a quantidade recomendada para um dia. Duas simples fatias com um copo de refrigerante podem somar 1.000 calorias. Seja qual for a sua escolha, a pizza pode se transformar numa tragédia calórica.

porção perfeita

O melhor é fazer a pizza em casa. É mais saudável. Refogue 85 g de lingüiça de frango por 2 minutos numa frigideira antiaderente. Espalhe 125 g de molho de tomate com pouco sal em um disco de pizza de 15 cm, cubra com a lingüiça refogada, 20 g de cogumelos fatiados, 25 g de pimentão verde fatiado e 30 g de cebola picada. Ponha numa assadeira e polvilhe com 2 colheres (sopa) de mussarela light. Asse por 4 minutos.

Informação nutricional

duas fatias de pizza (como na foto)

416 calorias e 20% de gorduras; **9,2 g** de gorduras, sendo **2,5 g** de gordura saturada; **20,5 g** de proteínas; **23 mg** de colesterol; **622 mg** de sódio; **4,7 g** de fibra

doces

O que é um jantar sem sobremesa, um dia de verão sem um sorvete e uma xícara de café sem uma fatia de bolo? Só que todas as sobremesas, doces e chocolates costumam ter muito açúcar e pouco valor nutricional. Com a Dieta da Porção Perfeita, porém, você pode comer um pouco de suas guloseimas preferidas. Se houver moderação, o jantar pode terminar com uma nota doce. Mais do que isso seria acrescentar calorias vazias à sua alimentação. Para aprender a incorporar um docinho à sua Dieta da Porção Perfeita, consulte o Programa de Sete Dias, nas páginas 160–180.

Bolos e sobremesas

Bem no fundo todo mundo acha que deveria parar de comer doces. E a razão é simples. Uma fatia de bolo fudge de chocolate ou de cenoura de apenas 15 cm pode chegar a 1.500 calorias. Já uma fatia de cheesecake simples ou com cobertura de frutas pode ter até 710 calorias.

É mesmo muito difícil resistir às sobremesas

A menos que você seja um dos poucos felizardos que não gosta de doces, deve achar muito difícil ficar sem sobremesa. E quanto mais nos negamos a comer doces, mais vontade temos de comê-los. O que fazer, então? A resposta é: não desista de vez da sobremesa, mas aprenda a comer a porção certa. Coma o seu doce após as refeições, mas trate de ingerir um pedaço pequeno.

Quanto posso comer?

A fatia de bolo, por exemplo, não deve ter mais de dois dedos. Se você estiver em um restaurante, pegue exatamente essa porção e divida o restante com seus acompanhantes ou guarde para o dia seguinte.

Boas opções

Pudim de pão 60 g • Bolo de cenoura (com glacê) 30 g • Bolo de chocolate 30 g • Cheesecake de chocolate 30 g • Cheesecake de frutas 30 g • Cheesecake simples 30 g • Flã de baunilha 60 g • Sorbet de frutas 90 g • Torta de pêssego 60 g • Torta de noz-pecã 2,5 cm e 30 g • Tiramisú 60 g.

Melhor evitar

Porções grandes de qualquer sobremesa. Faça das boas opções, acima, apenas um guia.

Como consumir

Se você realmente não consegue viver sem sobremesa, saiba que algumas opções são mais saudáveis que outras. Quando sentir vontade de comer uma torta cremosa de morango, prefira uma tigela da fruta com 1 colher (sopa) de chantilly. Em vez de atacar uma torta de pêssego, coma a fruta com um iogurte natural desnatado. Outra maneira de acrescentar um pouco de doce à refeição sem extrapolar as calorias é tomar um chá de ervas ou um café aromatizado.

Uma fatia de 30 g de bolo fudge de chocolate tem 103 calorias.

Porção: dois dedos

Esta porção de 30 g de bolo de cenoura com glacê contém 103 calorias.

Porção: dois dedos

Coma uma fatia de cheesecake de morango de apenas 30 g, que tem 108 calorias.

Porção: dois dedos

Torta de maçã

Coma apenas uma porção de 60 g de torta de maçã

Em geral, a porção servida tem o dobro do tamanho desta fatia. Depois de comê-la, seria preciso correr por meia hora para queimar as quase 300 calorias que ela contém.

A torta de maçã não é a melhor maneira de incluir frutas em sua dieta

Você escolhe a torta de maçã como sobremesa com a idéia de que vai comer algo saudável? Naturalmente, é bom incluir mais frutas na alimentação, mas a torta de maçã não é a melhor maneira de fazer isso, em especial se a porção for muito maior do que o recomendado. Procure consumir uma fatia de 115 g, que tem 14 g de gorduras e 332 mg de sódio, além de quase 300 calorias.

Quanto posso comer?

Seja qual for o recheio da torta de fruta – maçã, cereja, banana, pêssego –, limite sua porção a uma fatia de 60 g, que tem aproximadamente a largura de três dedos e cabe na mão em concha.

Como consumir

Se você não abre mão da torta de maçã, mas quer uma opção mais saudável, faça uma torta caseira com massa de granola, maçãs frescas e creme light. A massa de granola é mais saudável e muito menos calórica.

Unte uma fôrma de torta de 18–20 cm com azeite. Ponha no processador de alimentos 60 g de granola com baixo teor de gordura, 40 g de farelo de biscoito integral e 3 colheres (sopa) de óleo de canola. Processe até obter uma massa com grumos. Espalhe a massa na fôrma e leve à geladeira enquanto prepara os outros ingredientes.

Preaqueça o forno a 190ºC. Descasque, limpe e fatie 900 g de maçã e espalhe as fatias sobre a massa. Misture 2 colheres (sopa) de açúcar mascavo e 1 colher (chá) de canela em pó e polvilhe a torta. Leve ao forno por 45 minutos, até as maçãs cozinharem. Aqueça 6 colheres (sopa) de geléia de damasco light e 2 colheres (sopa) de água e cubra a torta com essa mistura. Sirva a torta quente ou fria.

Esta receita rende 10 porções de 150 calorias.

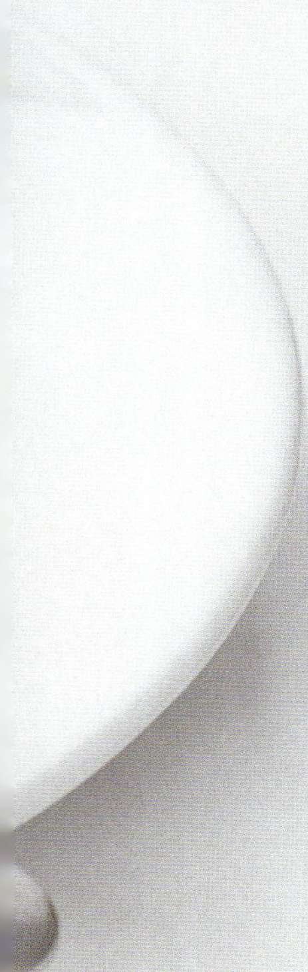

Informação nutricional

Porção de 60 g de torta de maçã (como na foto)

134 calorias e 42% de gorduras, sendo **2,2 g** de gordura saturada; **1,1 g** de proteínas; **19,3 g** de carboidratos; **0 mg** de colesterol; **151 mg** de sódio; **0,9 g** de fibras

Porção: três dedos

Porção distorcida: sorvete

Uma pessoa de compleição média precisa correr por 2 horas para queimar tudo isto

porção exagerada

O sorvete é uma sobremesa apreciada em todo o mundo. Coma o seu, mas preste atenção ao tamanho e aos extras. Três bolas de sorvete de nozes e café com cobertura de 2 colheres (sopa) de calda de chocolate, 2 colheres (sopa) de nozes picadas, 60 g de chantilly e uma cereja têm 1.400 calorias, ou seja, o total recomendado para um dia inteiro.

Não consegue resistir a um sorvete mas não quer correr durante duas horas? Então trate de comer a porção perfeita. Um porção de 70 g de sorvete com baixo teor de gordura e de açúcar – algo como uma bola numa casquinha – tem somente 145 calorias.

A porção perfeita de sorvete tem apenas 145 calorias

porção perfeita

Informação nutricional

porção de 70 g de sorvete na casquinha

145 calorias e 34% de gorduras; **5,5 g** de gorduras, sendo **2,8 g** de gordura saturada; **3,5 g** de proteínas; **18 mg** de colesterol; **97 mg** de sódio; **0,7 g** de fibras

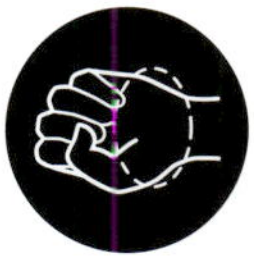

Porção: meio punho

As calorias de uma porção de sorvete de 70 g podem ser queimadas em cerca de dez minutos de atividade aeróbica.

Brownies e biscoitos

O brownie nasceu nos Estados Unidos, mas tem feito sucesso mundo afora. Antigamente, a fôrma quadrada de 20 cm rendia 16 brownies. Porém, peça um brownie num restaurante hoje e ele virá com 10 cm e cerca de 550 calorias. Se ele for recheado com 1 colher (sopa) de castanhas, terá 600 calorias. Acrescente uma bola de sorvete de creme e a conta subirá para 850 calorias.

O mesmo ocorre com os biscoitos. Quantos você come de uma vez só? Atualmente, dois biscoitos "médios" podem fornecer até 525 calorias – o mesmo que uma refeição completa. Estou falando de um biscoito de tamanho médio, mas existem no mercado biscoitos de 13 cm de diâmetro, que contêm cerca de 300 calorias a mais!

Quanto posso comer?

Você pode comer seu brownie, desde que ele tenha 2,5 cm. Este pedaço de 30 g tem cerca de 115 calorias.

Deguste o brownie como a um docinho

Um pedaço de 2,5 cm e 30 g de brownie com recheio de castanhas tem apenas 115 calorias e 4,7 g de gorduras.

porção: dois polegares

Porção de 2 biscoitos: palma

Consuma biscoitos de 5 cm, que terão em média 98 calorias e 5 g de gorduras.

Porção perfeita de biscoito

E, ao consumir biscoitos, atenha-se a uma porção de 30 g. Isso equivale a dois biscoitos de 5 cm de diâmetro. Preste atenção às fotos!

Como consumir

Prefira os biscoitos integrais. Eles podem ter as mesmas calorias dos biscoitos comuns, mas são mais saudáveis, porque são feitos com farinha não refinada (*ver Como consumir, p. 97*).

Chocolates e balas

Chocólatras, regozijai-vos. Os antigos maias classificavam o chocolate como alimento dos deuses, e pesquisas recentes demonstram que eles talvez tivessem razão. O chocolate realmente oferece alguns benefícios à saúde, em especial o chocolate amargo.

As balas e os chicletes são diferentes. Eles são feitos basicamente de açúcar, o que significa que têm muitas calorias e poucos nutrientes, razão pela qual se diz que eles fornecem calorias vazias.

O chocolate amargo contém antioxidantes que protegem contra doenças

Quanto posso comer?

Sendo assim, quanto comer de balas, chicletes e chocolates? Cerca de 100 calorias de chocolate amargo (não ao leite), ou seja, 30 g. Porém, não transforme a ingestão de doces em um hábito. Quando sentir vontade de comer doce, apele para uma fruta.

Boas opções

Chocolate amargo (com 70% no mínimo de cacau) • Doces com poucas calorias • Doces sem açúcar.

Melhor evitar

Chocolate ao leite • Chocolate branco.

Como consumir

- Se você de fato não consegue viver sem chocolate, prefira o chocolate amargo. Por quê? Porque ele contém mais antioxidantes, que ajudam a proteger o organismo das doenças cardíacas e a evitar a hipertensão. O chocolate amargo tem duas vezes mais antioxidantes do que o chocolate ao leite. E o chocolate branco? Ele também deve ser evitado, pois tem mais carboidratos – em sua maioria na forma de açúcar – e menos proteínas.
- Outra forma de combater a vontade de comer chocolate é misturá-lo com frutas. Experimente mergulhar morangos inteiros ou pedaços de laranja em uma calda de chocolate amargo. Fica uma delícia!

Sim! Você pode comer chocolate de vez em quando

Se você comer esta barra de chocolate inteira, que equivale a 30 g de açúcar, estará ingerindo 551 calorias e 41,1 g de gorduras, sendo 24,2 g de gordura saturada.

Saboreie um pedaço de chocolate de 30 g de tempos em tempos.

São necessárias cinco horas de aeróbica para queimar essas calorias

Informação nutricional

porção de 30 g de chocolate amargo (como na foto)

Porção: dois dedos

145 calorias e 70% de gorduras; **11,2 g** de gorduras, sendo **6,6 g** de gordura saturada; **1,3 g** de proteínas; **0 mg** de colesterol; **0 mg** de sódio; **2 g** de fibras

bebidas e salgadinhos

Quantas calorias por dia você consome com aquilo que bebe? Somos aconselhados a beber 2 litros de água diariamente, o equivalente a oito copos de 250 ml, mas podemos incluir o café, o chá e os refrigerantes nessa conta? Em caso positivo, quantas calorias estaremos ingerindo? A água é a melhor opção, mas chás de ervas sem adoçante e água com gás também não oferecem problemas. Alguns chás têm propriedades terapêuticas, mas e o álcool? Consumido com moderação, ele é bom. Já os salgadinhos... Já parou para somar as calorias dos alimentos que consome na frente da TV ou na sala de cinema? Leia as páginas a seguir e veja algumas dicas que preparamos para você. Todas as respostas e as porções perfeitas de que você precisa estão ali.

Bebidas não-alcoólicas

Sabemos que devemos beber 2 litros de líquidos por dia. A questão é descobrir o que consumir para não aumentar a ingestão de calorias e açúcar. O melhor é sempre recorrer à água para matar a sede, mas quem não tem vontade de beber algo mais saboroso de vez em quando?

Boas opções

Estas sugestões ou não têm nenhuma caloria ou têm muito pouca: Água • Água com gás • Chá de ervas • Chá verde ou preto • Uma xícara de 250 ml de café preto com adoçante tem 5 calorias

Beba com moderação

Algumas destas opções são enganosas: Chá e café com leite e açúcar – o leite e o açúcar têm calorias • O chá pronto enlatado e adoçado pode ter 90 calorias em 250 ml • As bebidas light quase não têm calorias, mas apresentam alta concentração de adoçantes artificiais – beba no máximo uma por dia • Uma lata de 355 ml de refrigerante pode acrescentar 150 calorias à sua dieta • Os sucos de maçã, de laranja, de abacaxi e de uva têm cerca de 100 calorias por 180 ml (*ver p. 91*)

Que bebidas não têm açúcar nem calorias?

Melhor evitar

Uma porção gigante de refrigerante à base de cola (710 ml) tem aproximadamente 292 calorias• Uma xícara muito grande de 570 ml de café expresso com leite integral tem 350 calorias • Cuidado com os frappés e outras bebidas especiais à base de café – um copo de 710 ml pode acrescentar 700 calorias ao seu dia.

Informação nutricional

porção de 250 ml de refrigerante à base de cola

0 calorias e 0% de gorduras; **0 g** de gorduras, sendo **0 g** de gordura saturada; **0 g** de proteínas; **0 mg** de colesterol; **26 mg** de sódio; **0 g** de fibras

O refrigerante light não tem calorias, mas tome apenas um por dia

Um copo de 250 ml de refrigerante à base de cola tem 0 calorias. Porém, há indícios de que esse tipo de bebida promove a perda de cálcio dos ossos. Portanto, limite-se a uma porção perfeita por dia

Porção distorcida: café com leite

porção exagerada

Dá para acreditar que até o café vem assumindo proporções absurdas? Seus pais tomavam em torno de 230 ml de café com leite integral. Nessa xícara havia um total de 45 calorias. Atualmente é possível consumir uma porção gigante, com 570 ml de cappuccino (expresso com leite e chocolate em pó por cima). Essa guloseima tem no total 340 calorias – e é apenas uma bebida!

Relaxe no sofá com sua porção perfeita de café com leite

Para controlar as calorias e manter o coração saudável, tome apenas 250 ml de café com leite desnatado e 1 colher (chá) de açúcar.

porção perfeita

Você não prefere fazer outra coisa em vez correr em volta do quarteirão na hora do almoço? Se a resposta for positiva, tome apenas uma xícara de 250 ml de café com leite desnatado e permita-se 1 colher (chá) de açúcar. Dessa forma, você irá consumir apenas 32 calorias. Mas até mesmo essa porção perfeita precisa ser consumida com moderação. Cafeína em excesso pode ser prejudicial.

Informação nutricional

porção de 250 ml de café com leite

32 calorias e 2% de gorduras; **0,1 g** de gorduras, sendo **0 g** de gordura saturada; **1,3 g** de proteínas; **1 mg** de colesterol; **21 mg** de sódio; **0 g** de fibras

Bebidas alcoólicas

Você pode tomar 350 ml de cerveja

Esta porção de 350 ml de cerveja tem 145 calorias.

Evite as calorias vazias do álcool

A polêmica em torno do álcool já dura séculos. Ele faz bem ou mal à saúde? A resposta está na quantidade ingerida. Algumas pesquisas mostram que o consumo moderado de álcool faz bem ao coração e ao sistema circulatório, ao passo que o consumo pesado de bebidas alcoólicas prejudica o fígado e o coração, provocando diversas doenças.

Quando estiver bebendo, lembre-se de que o álcool não satisfaz. Ele contém aquilo que chamamos de "calorias vazias". Mas pode aumentar o apetite, razão pela qual é chamado de aperitivo.

Quanto posso beber?

Do ponto de vista da saúde, você deve seguir o conselho dos especialistas e beber com moderação. Os homens são aconselhados a tomar no máximo 3–4 unidades por dia e as mulheres, no máximo 2–3. Exemplos de unidade: uma taça de vinho de 180 ml equivale a 2 unidades; uma caneca de cerveja de 570 ml equivale a 3 unidades.

Boas opções

Com estas opções você respeita as recomendações oficiais e não extrapola a quantidade adequada de calorias: Uma taça de 150 ml de vinho tinto ou branco tem em média 125 calorias • Uma lata de cerveja de 350 ml tem cerca de 145 calorias • Uma lata de cerveja light de 350 ml tem cerca de 100 calorias • A maioria das bebidas destiladas – vodca, uísque, gim etc. – tem 90–100 calorias por 30 ml.

A porção perfeita de uísque tem apenas um dedo

Se você gosta de uísque, cuidado. Tome apenas 45 ml, que fornecem 105 calorias.

Melhor evitar

O acréscimo de extras às bebidas aumenta também seu valor calórico: A mistura de 350 ml de água tônica com 45 ml de gim ou a combinação de 350 ml de refrigerante à base de cola com 45 ml de rum têm 230–250 calorias • Um martíni tem cerca de 375 calorias • O daiquiri é uma bebida saborosa, mas tenha cuidado com o açúcar – o drinque pode facilmente chegar a 227 calorias por 120 ml • A marguerita e o mojito são duas bebidas muito populares, mas a primeira tem cerca de 350 calorias por 250 ml, ao passo que a segunda pode chegar a 205 calorias por 120 ml • A piña colada é uma bomba calórica – são cerca de 526 calorias por 210 ml • O mesmo vale para as caipirinhas de frutas, que podem, sem nenhuma dificuldade, chegar a mais de 400 calorias por 350 ml.

Porção distorcida: vinho

Você já reparou como aquela "inocente" taça de vinho aumentou?

porção exagerada

Peça uma taça do seu vinho predileto com o jantar e prepare-se para uma surpresa. O tamanho das taças também está muito maior, mas mesmo assim você vai tomá-la inteira. E quem sabe pedir a segunda. Quantas calorias há numa taça de vinho? A desta página (250 ml) tem 168 calorias. Em certos estabelecimentos, uma taça de vinho tem 355 ml e 252 calorias.

Consuma apenas
150 ml de vinho

porção perfeita

O melhor a fazer é pedir uma taça de vinho de 150 ml – e apenas uma. Dessa forma, você consumirá somente 106 calorias e poderá apreciar sua refeição sem se sentir culpado. Outra maneira de degustar seu vinho é misturá-lo com água gaseificada. Se você for a uma festa, não vá direto ao vinho; comece a noite com água ou refrigerante.

Com uma taça de vinho de 150 ml você mantém sob controle não apenas a quantidade de calorias, como também a quantidade de álcool.

Informação nutricional

porção de 150 ml de vinho tinto

106 calorias e 0% de gorduras;
0,3 g de proteínas; **2,5 g** de carboidratos;
1,4 mg de sódio

Salgadinhos e aperitivos

É muito fácil comprar um pacote de salgadinho e devorá-lo de uma só vez, sem perceber, em frente à televisão ou na sala de cinema. Esse tipo de alimento pode provocar estragos imensos em sua dieta, fornecendo-lhe muito mais calorias e gorduras do que o recomendável.

Cuidado com a porção de salgadinhos

Quanto posso comer?

De maneira geral, você pode comer salgadinhos e aperitivos desde que limite a porção a 30 g.

Boas opções

As proteínas e a gordura monoinsaturada das castanhas as tornam uma alternativa mais saudável que a batata chips. Quando o desejo surgir, experimente: Amendoim torrado, que tem 170 calorias por 30 g – são cerca de 40 amendoins • Amêndoas, que têm 163 calorias por 30 g – ou 23 unidades inteiras • Noz-pecã, que tem 196 calorias por 30 g – cerca de 20 metades • Nozes, que têm 185 calorias por 30 g – ou 14 metades • Pretzels, que têm 108 calorias por 30 g.

Uma porção de 30 g de amendoim torrado tem 170 calorias e 14 g de gorduras.

Porção: mão em concha

Uma porção de 30 g deste salgadinho fornece 108 calorias e 0,8 g de gorduras.

Porção: mão em concha

Melhor evitar

Limite as porções dos seguintes alimentos: Batata chips: 115 g consumidas no almoço aumentam o valor calórico da refeição em 600 calorias, ao passo que uma porção de 30 g fornece apenas 150 calorias • Uma porção de 230 g de salgadinho de milho tem cerca de 1.100 calorias, portanto consuma apenas 30 g, que lhe fornecerão 140 calorias.

Como consumir

Além de limitar a ingestão de salgadinhos, não se esqueça de comer legumes como aperitivo. Muitos deles já vêm cortados do supermercado. Experimente palitos de cenoura e de aipo (salsão), buquês de brócolis e couve-flor e pimentão fatiado. Outra opção é consumir um punhado de 15 azeitonas.

Uma porção de 15 azeitonas contém 75 calorias e 7,1 g de gorduras.

Porção: mão em concha

Porção distorcida: pipoca

porção exagerada

Assim que entramos no cinema, nossas narinas são invadidas pelo cheiro de pipoca. Vinte anos atrás, um pacote de pipoca tinha 55 g e 275 calorias. Hoje ele pode chegar a 132 g e 660 calorias – lembre-se de que a pipoca é leve e tente avaliar o volume equivalente a esses gramas. Se ela for feita na manteiga, pode acrescentar mais 200 calorias ao filme.

Deu vontade de comer pipoca? Prefira 10 g de pipoca de microondas com manteiga, que têm apenas 45 calorias.

Evite a pipoca vendida no cinema e faça a sua em casa

porção: duas mãos em conchas

porção perfeita

Em contraste, a pipoca de microondas com manteiga contém cerca de 45 calorias por 10 g, como a pipoca de vinte anos atrás. Faça uma escolha alimentar saudável e consuma 20–30 g de pipoca feita com óleo vegetal. Não use óleos que contenham gorduras trans. Melhor ainda: faça a pipoca sem óleo.

Informação nutricional

porção de 10 g de pipoca (como na foto)

55 calorias e 51% de gorduras, sendo **0,5 g** de gordura saturada; **1 g** de proteínas; **6,3 g** de carboidratos; **0 mg** de colesterol; **97 mg** de sódio; **1,1 g** de fibras

Pastas e patês

As pastas, ou patês, são um ótimo petisco, além de fáceis de fazer e servir. Porém, ao espalhar uma deliciosa pasta de espinafre numa bolacha ou num salgadinho de milho, por exemplo, você poderá adicionar 300 calorias ao seu dia. E isso sem tomar nem um gole de bebida.

Boas opções

Prefira um molho com tomate picado. Homus também é uma boa escolha. A maior parte do homus industrializado tem cerca de 25 calorias por colher (sopa). Consuma-o com legumes crus (cenoura, aipo, pimentão)ou pão integral. Diversos patês são preparados com muita maionese, creme azedo e cream cheese. Prefira uma mistura com meia parte de maionese e meia parte de iogurte desnatado, para reduzir o teor de gorduras.

Coma homus – são apenas 25 calorias por colher de sopa

Esta é a porção perfeita de homus: 2 colheres (sopa) e 50 calorias.

Cuidado com a porção

Observe sempre o rótulo dos alimentos industrializados, em especial o tamanho da porção dos patês e molhos. Provavelmente, ela será 1 ou 2 colheres (sopa). Se você duplicar a porção, duplicará também a ingestão de calorias, gorduras e sódio.

Consuma porções de 30 g

Estes 30 g de salgadinhos têm 118 calorias.

Idéias para não extrapolar nas calorias

Molho de mostarda (Serve 4)

125 g de iogurte natural desnatado
2 colheres (sopa) de mel
3 colheres (sopa) de mostarda de Dijon
Coloque todos os ingredientes num pote de vidro, tampe e agite.

Patê de feijão-preto (Serve 6–8)

425 g de feijão-preto cozido (escorrido)
2 colheres (sopa) de cebola roxa picada
2 colheres (sopa) de vinagre balsâmico
1 dente de alho médio amassado
1 colher (sopa) de suco de laranja
Sal e pimenta-do-reino moída na hora (a gosto)
Coloque o feijão no liquidificador junto com a cebola, o vinagre, o alho e o suco de laranja. Bata até obter uma pasta espessa e homogênea. Tempere com sal e pimenta a gosto.

Escolha seus patês com cuidado

Comer fora

Comer fora é um desafio e tanto à Dieta da Porção Perfeita. Ao parar num fast-food, você provavelmente estará com fome ou cansado, ou as duas coisas. Fazer o quê? Você acaba comendo de tudo. Talvez você não saiba, mas aquele prato cheio é maior do que o normal. O resultado, portanto, são porções exageradas. E enquanto você se ocupa em conversar com a família ou os amigos, limpa o prato sem perceber. Além de observar o tamanho da porção, é preciso conhecer os perigos da culinária de cada país para fazer escolhas saudáveis. Seja no restaurante mexicano, espanhol, japonês, chinês, tailandês, italiano ou no francês, siga os conselhos das próximas páginas e coma fora com prazer, mas sem deixar de controlar as porções.

Os perigos de comer fora

Todo mundo gosta de comer fora de vez em quando, mas isso pode ser perigoso para quem está fazendo a Dieta da Porção Perfeita. No entanto, não é preciso abrir mão desse prazer. Basta seguir estas dicas simples para não transformar a refeição numa tragédia calórica.

Bom senso no quilo

Para que a fartura dos restaurantes a quilo não estrague sua dieta, é preciso escolher a comida com cuidado. Pegue frango ou peixe grelhado e tenha em mente o tamanho correto da porção. Encha metade do prato com legumes e coma uma salada antes, com 1 colher (sopa) de molho.

Siga estas dicas e evite um desastre quando comer fora

Coma antes de sair de casa

Coma um lanchinho antes de ir para o restaurante ou para a festa, para não chegar lá esfomeado.

Deixe um pouco no prato

Tente comer apenas 75% do que está no prato. Um estudo da Universidade do Colorado mostrou que comer apenas três quartos da quantidade normalmente servida nos restaurantes representa uma economia de 300 calorias.

Peça duas entradas

Atualmente as entradas são tão grandes quanto os pratos principais. Assim, peça duas entradas em vez de uma entrada e um prato principal e poupe calorias. Ou então peça uma entrada e divida o prato principal.

Peça uma "quentinha"

Se você é do tipo que não resiste, peça uma embalagem para viagem antes de começar a comer e coloque metade da refeição nela, para levar para casa.

Não vá

Evite os restaurantes freqüentados por famílias e aqueles em que se pode comer o que quiser por um preço fixo. São baratos mas custam calorias.

Comer fora é uma boa maneira de se socializar, mas não coma a ponto de se lamentar no dia seguinte. Escolha com cuidado e tenha em mente as porções adequadas. É fácil passar da conta quando estamos conversando com os amigos.

Palavras a serem evitadas

Palavras como "grande", "gigante" e "jumbo" devem ser banidas do seu vocabulário. Procure manter distância de todos os pratos que contêm essas palavras no nome.

Saladas saudáveis

Comer salada é bom para a saúde e excelente para a Dieta da Porção Perfeita, desde que ela não esteja encharcada de molho. Peça o molho à parte e tempere você mesmo as suas folhas. Use no máximo 1 colher (sopa).

Sobremesa, sim

A maioria das pessoas gosta de pedir sobremesa, mas todo mundo sabe como elas são calóricas. Abrir mão desse prazer pode ser muito difícil e contraproducente se você acabar comendo algo pior quando chegar em casa. Peça uma sobremesa só para todos que o acompanham e coma um pedacinho. Você verá que essa pequena porção matará a sua vontade de comer doce.

Restaurante mexicano

Peça um burrito de frango com feijão ou um chilli relleno (pimentão recheado) no jantar e você estará ingerindo uma quantidade de gorduras equivalente a 230 g de bacon. Os feijões refritos são outra tragédia. Em geral, são preparados com feijão cozido e amassado com banha, bacon ou queijo. Uma porção de 250 g tem metade do total diário recomendado de gorduras.

Outra precaução: não tome a segunda marguerita. Preparada com tequila, açúcar, limão, Grand Marnier, Cointreau ou Curaçao, a marguerita tem 45 calorias por 30 ml. Um copo de 250 ml tem 375 calorias. Essa conta fica ainda pior se acrescentarmos os salgadinhos de milho (tortilhas) e o guacamole que costumam acompanhar o drinque.

No entanto, a comida mexicana pode e deve ser consumida se você escolher os alimentos com bastante cuidado. Sempre que possível, peça recheios à base de frango. Assim, você adiciona menos calorias ao feijão, ao guacamole, ao creme azedo e às tortilhas que vêm com o prato.

Siga as orientações abaixo, mas lembre-se de que cada restaurante tem uma versão própria das receitas; é sempre melhor perguntar ao garçom como os pratos são preparados.

Onde mora o perigo

- Muito queijo
- Pratos com abacate
- Frituras
- Muito arroz

Boas opções

Fajitas feitas com legumes grelhados ou salteados e com carne magra • Quesadillas preparadas com uma pequena quantidade de queijo e uma proteína magra, como frango ou camarão • Burritos feitos com alface rasgada, carne magra e uma pequena porção de queijo • Enchiladas de frango (evite-as se forem preparadas com muito queijo e creme de leite).

Melhor evitar

Porções adicionais de creme azedo e tortilhas • Feijões refritos • Chimichangas (burrito frito, servido com guacamole, queijo e creme azedo) • Enchiladas, se estiverem encharcadas de óleo • Quesadillas com recheio de queijo • O couvert composto de tortilhas, guacamole e molho – coma o molho, uma colherada de guacamole e só • Margueritas e cerveja.

Restaurante espanhol

A paella é provavelmente o prato mais famoso da culinária espanhola, mas é um desastre do ponto de vista calórico. Um prato cheio dessa iguaria pode chegar a 1.000 calorias. Outro perigo são as tapas, porções de petiscos variados servidos nos bares e que podem constituir uma refeição completa. As opções mais perigosas são as lingüiças, os queijos e as frituras.

Outra precaução: cuidado com a jarra de sangria. A mistura de vinho tinto, suco de laranja, açúcar e licor de laranja é uma bebida refrescante e saborosa, mas apenas 30 ml fornecem cerca de 50 calorias. Um copo de 250 ml, portanto, terá perto de 420 calorias.

Onde mora o perigo

- Pratos à base de arroz
- Pratos com muita lingüiça e carnes gordas
- Frituras
- Pratos com bacalhau salgado, por causa do alto teor de sódio

Boas opções

Ensaladas (peça o molho da salada à parte) • Legumes e carnes assados ("asado", em espanhol) • Gazpacho (sopa fria de tomate e legumes, em geral servida como primeiro prato) • Legumes e carnes grelhados ("a la plancha", em espanhol), como Champiñones a la plancha (cogumelos grelhados), Camarones a la plancha (camarões grelhados), Calamares a la plancha (lula grelhada) • A maioria dos pratos à base de peixe e frango, que são acompanhados de tomate e outros legumes • Carnes e frutos do mar grelhados, como o Cochinillo segoviano (leitão assado) – peça uma porção de 170 g sem gordura • Salmão.

Coma com moderação

Morcilla (morcela, um chouriço feito com sangue) • Chorizo cantimpalo (lingüiça espanhola) • Manchego, cabrales ou qualquer outro queijo em porções superiores a 60 g • Frituras, como a Fritura mixta de pescado (peixes variados fritos) • Alimentos preparados com muito óleo (procure no cardápio as palavras "al aceite" ou "al ajillo"), como Gambas al ajillo (camarão com salsa, azeite e alho) • Cochinillo segoviano (leitão assado com a pele e a gordura) • Cozidos pesados, feitos com lingüiça e batata • Pratos que levam muito arroz, como a Paella e o Arroz con pollo (arroz com frango) • Cortes grasos del filete (cortes gordos de filés).

Restaurante japonês

No Ocidente, quando se fala em comida japonesa, a primeira coisa que vem à mente é o sushi, cujos ingredientes principais – peixe, alga nori e legumes – são muito saudáveis. Uma porção de 115 g de sushi com alga tem cerca de 350 calorias. Porém, todo cuidado é pouco. É fácil comer o triplo da porção correta sem perceber. E o shoyu ainda acrescenta sódio à equação. Cuidado também com o peixe cru; gestantes e pessoas com baixa imunidade não devem comê-lo, pois arriscam-se à contaminação por *Listeria monocytogenes*. Para as demais pessoas o risco é mínimo, desde que o peixe esteja bem fresco.

Onde mora o perigo

- Sushi com excesso de arroz
- Grandes porções de sushi
- Grandes porções de arroz
- Frituras

Outra precaução: o saquê. O saquê aquecido é muito sedutor. Não há problema em tomar uma ou duas doses, mas a linda garrafinha em que é servido comporta 500 calorias.

Como em outras cozinhas asiáticas, as carnes e os legumes são boas escolhas, desde que se mantenha distância dos molhos doces e dos salgados. No máximo, consuma um pouquinho de molho.

Siga as orientações abaixo, mas lembre-se de que cada restaurante tem uma versão própria dos pratos; pergunte ao garçom como eles são preparados.

Boas opções

Sushi de camarão, caranguejo e enguia cozidos, de ovo mexido, de tofu e de legumes • Sashimi (peixe cru mergulhado em shoyu, temperado com wasabi) • Missoshiru (sopa à base de missô, uma pasta de soja fermentada) • Teppanyaki (carnes, peixes ou legumes grelhados) • Sukiyaki (carne e legumes cozidos).

Coma com moderação

Tempura (legumes ou frutos do mar empanados e fritos) • Teriyaki (frutos do mar ou carne marinados em shoyu, açúcar e mirin) com molho muito espesso • Yakitori (espetinhos de carne com molho de shoyu, açúcar e mirin) – mais uma vez, cuidado com o molho.

Restaurante chinês

Por causa dos legumes e dos pedaços pequenos de carne, muitos avaliam que a cozinha chinesa é saudável. Porém, preste atenção aos números a seguir e procure fazer escolhas sensatas. A culinária chinesa é uma mescla dos sabores doce e salgado. Isso significa muito açúcar e muito sal. O Lo Mein (macarrão cozido) tem tanto sal quanto uma pizza grande. Inclusive os legumes refogados podem conter até 2.000 mg de sódio – a dose recomendada para um dia. Muitas outras receitas também têm excesso de gordura. O famoso Kung Pao (pato laqueado) tem 76 g de gordura por porção, mais do que a dose diária. Sem falar do arroz e do macarrão.

Onde mora o perigo

- Molhos agridoces espessos
- Grandes porções de arroz frito
- Frituras

É possível comer alimentos saudáveis em um restaurante chinês. Remova toda a massa dos empanados e prefira os frutos do mar com legumes, cujo teor de gorduras é menor. Se comer as carnes, deixe a maior parte do molho de lado. O prato principal deve ter cerca de 140 g de carne, 300-340 g de legumes e 120 g de arroz. Por fim, fique longe de pratos que contenham apenas arroz e macarrão.

Siga as orientações abaixo, mas lembre-se de que cada restaurante tem uma versão própria dos pratos; pergunte ao garçom como eles são preparados.

Boas opções

Vale a pena procurar no cardápio: Camarões ou legumes refogados • Legumes cozidos no vapor • Arroz integral cozido no vapor.

Coma com moderação

Muitos pratos populares podem ser consumidos sem problema. Estes são os perigosos: Arroz frito, em especial se for prato principal • Carne com laranja (se for empanada, tire a massa antes de comer) • Camarão à Sichuan (frito) • Rolinho primavera • Pratos à base de cortes gordos de carne de vaca ou de porco • Pratos agridoces empanados • Lo Mein (macarrão com frango) • Chow Mein (macarrão com legumes) • Bolinhos (especialmente os fritos) • Costeletas de porco.

Restaurante tailandês

Numa viagem gastronômica que fiz a Bangcoc, uma amiga tailandesa me contou que ela jamais fazia a verdadeira culinária tailandesa em casa porque leva tempo demais. Talvez por isso muitos freqüentem restaurantes típicos. A combinação de sabores picantes faz a fama da culinária tailandesa em todo o mundo. No entanto, alguns perigos encontram-se entre os temperos.

Onde mora o perigo

- Leite de coco
- Grandes pratos de arroz
- Pratos à base de macarrão
- Molhos doces, em sua maioria feitos com azeite de dendê

Felizmente, os peixes e os frutos do mar são a base da cozinha tailandesa. Há também uma abundância de caldos e sopas magros e muito saborosos. O satay, espeto de carnes magras grelhado sem óleo, é muito apreciado. As ruas de Bangcoc vivem cheias de barracas que vendem satays deliciosos. De posse das informações abaixo, você poderá apreciar iguarias desse tipo sem se sentir culpado.

Siga as orientações abaixo, mas lembre-se de que cada restaurante tem uma versão própria das receitas; é sempre melhor perguntar ao garçom como os pratos são preparados.

Boas opções

Dom Yang Gung (sopa de camarão apimentada e azeda) • Tom Yam Kung (sopa azeda de camarão) • Satay de frango, peixe ou carne vermelha magra, com 1 colher (sopa) de molho • Moo Daeng (carne de porco assada – porção de 170 g) • Tode Mun Plah (bolinho de peixe apimentado) • Yum Neua Yahng (salada de carne grelhada com pimentas e limão) • Sam Tum (salada de papaia verde) • Miang Yuan (rolinhos primavera macios, com recheio de camarão e hortelã fresca).

Coma com moderação

Kao Pad (arroz frito) • Pad Thai (macarrão frito, em geral com camarão) • Crab Rangoon (pastéis de caranguejo, queijo branco e especiarias) • Mee Krob (macarrão frito) • Kaeng Keo Wan Kai (curry de frango com molho à base de leite de coco e açúcar) • Curry de carne com batata, coco e castanhas) • Arroz em grande quantidade • Molhos como o Nam Jim Satay (molho de amendoim, leite de coco e açúcar) e o Nahm Jim Gratiem (um molho doce e apimentado quase caramelizado de tanto açúcar que leva).

Restaurante indiano

Curries apimentados, muitas opções de pratos vegetarianos, chutneys deliciosos e uma enorme variedade de pães – eis os ingredientes que fazem a fama da culinária indiana. Num restaurante indiano, porém, pode ser um problema para controlar as porções, pois os pratos vêm com muito arroz, os molhos são cremosos e doces, e as porções com freqüência são exageradas.

Você será capaz de realizar escolhas mais sensatas se conhecer alguns truques. Nos restaurantes indianos, o melhor é pedir o arroz como acompanhamento, e apenas 120 g. Peça também uma porção de legumes para acompanhar o prato principal; assim você não vai extrapolar nas calorias.

Siga as orientações abaixo, mas lembre-se de que cada restaurante tem uma versão própria das receitas; é sempre melhor perguntar ao garçom como os pratos são preparados.

Onde mora o perigo

- Pratos à base de arroz
- Molhos cremosos
- Pães recheados com batata ou coco e cobertos com manteiga
- Pratos com carne gorda

Boas opções

Pratos preparados no forno tandoori (procure essa palavra no cardápio), como o Frango tandoori • Pratos com verduras, em geral espinafre (procure a palavra "saag" no cardápio), como o Frango saag (frango refogado com espinafre) • Pratos marinados em especiarias e assados no forno tandoori (procure a palavra "tikka" no cardápio), como o Peixe tikka • Roti (pão ázimo assado em forno de barro) • Raita (acompanhamento feito com pepino, iogurte e ervas).

Melhor evitar

Pratos com molhos brancos, que provavelmente também contêm amêndoas e castanhas-de-caju (procure a palavra "korma" no cardápio), como o Cordeiro korma • Pratos cozidos com arroz (procure a palavra "biryani" no cardápio), como o Cordeiro biryani • Pratos com molho cremoso de tomate (procure a palavra "masala" no cardápio), como o Frango tikka masala • Os chutneys, que incrementam o sabor dos alimentos, mas contêm muito açúcar • Acompanhamentos como poppadums (massa frita) e samosas (pastéis fritos).

Restaurante italiano

Comer num restaurante italiano pode ser uma opção excelente ou desastrosa. Os italianos adoram legumes, e sempre há uma boa oferta deles nos cardápios. Os frutos do mar também são muito populares na Itália. Essas duas opções são saudáveis, desde que não venham nadando em óleo.

Se você pedir uma porção de lula frita como entrada, irá ingerir 600 calorias antes mesmo de jantar! Se pedir Melanzane alla parmigiana (Berinjela à parmigiana), serão 1.600 calorias. Tome cuidado também com as massas. Uma porção de 60–85 g de macarrão cozido não faz mal, mas fique atento aos pratos principais.

As massas costumam ser preparadas com muito óleo ou manteiga. Se possível, peça para cozinharem o seu macarrão com pouco óleo. No caso dos legumes, peça para que o molho venha à parte, ou então deixe no prato a maior parte dele. Peça carne, peixe e frango grelhados. Caso vá comer pizza, peça uma com pouco queijo e divida-a com os companheiros de mesa (*ver também Porção distorcida: pizza, pp. 116–117*).

Siga as orientações abaixo, mas lembre-se de que cada restaurante tem uma versão própria das receitas; é sempre melhor perguntar ao garçom como os pratos são preparados.

Onde mora o perigo

- Molho branco
- Excesso de parmesão ralado
- Frituras
- Pratos com muito queijo

Boas opções

Frango marsala (vá devagar com o molho) • Pasta e fagioli (Macarrão e sopa de feijão, como acompanhamento ou prato principal) • Antepasto de legumes (peça uma pequena porção de molho à parte) • Minestrone • Peixe, frango ou carne com legumes.

Coma com moderação

Vitela à parmigianino (carne de vitela empanada, frita e servida com molho e queijo) • Lasanha (coma uma porção bem pequena) • Fettuccine Alfredo (macarrão com creme de leite, ovos e queijo) • Linguine com lingüiça • Espaguete à carbonara (bacon, creme de leite, ovos, manteiga e queijo parmesão) • Frito misto (frutos do mar fritos) • Ossobuco (guisado de osso e carne de vitela) • Calzone e canelone recheados com muito queijo.

Restaurante francês

Quando morei na França, apreciava muito a culinária local, mas não engordei. Com o tempo descobri que a razão eram as porções pequenas e as refeições balanceadas. Eu comia um legume, por exemplo aspargo, um pedaço pequeno de carne, frango ou peixe e uma porção pequena de batata. Por fim, uma salada. De sobremesa, frutas e queijo. De vez em quando, comia um doce. Isso era muito diferente dos pratos repletos de creme de leite que eu costumava comer nos restaurantes franceses dos Estados Unidos. Portanto, não desista da culinária francesa. Basta apenas planejar as porções e selecionar os alimentos com cuidado.

Onde mora o perigo

- Pão francês – algumas fatias tudo bem, mas não coma a baguete inteira
- Pratos com muito creme de leite ou muita manteiga
- Grandes porções de queijo

Para manter sob controle a ingestão de calorias e gorduras, peça porções de 170 g de carnes ou frutos do mar (com o molho à parte) e duas porções de legumes, em vez de batata ao creme ou frita. E embora o vinho seja excelente para acompanhar a comida francesa, beba apenas uma (mulheres) ou duas (homens) taças. A porção permitida é de 150 ml.

Siga as orientações abaixo, mas lembre-se de que cada restaurante tem uma versão própria das receitas; é sempre melhor perguntar ao garçom como os pratos são preparados.

Boas opções

Crudités (legumes crus cortados em palitos) • A maior parte dos legumes cozidos e servidos com um pouco de azeite • Ratatouille (tomate, berinjela e abobrinha) • Soupe aux champignons (sopa de cogumelo) ou Potage aux asperges (sopa de aspargos) • Soupe de poissons (sopa de peixe) • Peixes com molho leve • Moules à la marinière (mexilhões).

Coma com moderação

Musses (salgadas e doces) • Patês • Veau à la crème (vitela com molho branco) • Sauce hollandaise (molho feito com ovos e manteiga) • Beurre blanc (molho com vinho branco, echalota e manteiga) • Sauce béarnaise (molho feito com vinagre, echalota, estragão, ovos e manteiga).

Porção distorcida: comida por quilo

porção exagerada

Os restaurantes por quilo são uma boa opção para quem tem de almoçar na rua todos os dias, mas é preciso cuidado. Você enche o prato com arroz, feijão, macarrão, carne e farofa? Pare um pouco e visualize esse prato. Há tanta comida ali que chega a ser difícil enxergar todos os alimentos? Se é assim que você costuma se alimentar, continue lendo e tente se corrigir.

Memorize este prato para se acostumar à porção que você deve comer no restaurante.

porção perfeita

Este prato saudável tem 140 g de carne magra, 160 g de legumes grelhados, 45 g de salada, 1 colher (sopa) de molho, 210 g de salada de macarrão e legumes e 1 pãozinho integral. Num restaurante por quilo: concentre-se nas saladas e nos legumes; coma 80–155 g de macarrão, batata ou outro amido; pegue frutas de sobremesa ou uma fatia de bolo de 2,5 cm; não repita.

Informação nutricional

por um prato como o da foto

653 calorias e 36% de gorduras; **26,3 g** de gorduras, sendo **5,9 g** de gordura saturada; **48,3 g** de proteínas; **98 mg** de colesterol; **1.119 mg** de sódio; **9,6 g** de fibras

Programa de Sete Dias

No café-da-manhã, você tem vontade de comer granola, iogurte e amêndoas ou uma omelete de queijo com suco de laranja? Que tal a Quiche de cogumelos no almoço e o Filé ao alho com baked potato no jantar? O Programa de Sete Dias inclui todos esses pratos e muito mais. Ele é um resumo da teoria da porção perfeita – como desfrutar de pratos saborosos e fáceis de fazer em porções que ajudam a controlar o peso, e como comer refeições balanceadas e cuidar da saúde. Os cardápios a seguir contemplam o café-da-manhã, o almoço e o jantar. Há também alternativas vegetarianas. Incorpore este programa à sua vida para sempre. Faça as substituições necessárias para agradar ao seu paladar e coma tudo o que quiser – em porções perfeitas, é claro!

Dia 1

CARDÁPIO

Observações

As receitas deste programa fornecem cerca de 1.400 calorias por dia por pessoa. Quem é muito ativo precisa de 1.800 calorias por dia. Os asteriscos indicam quantidades para a dieta de 1.800 calorias. Ver informação nutricional completa na p. 176.

Bagel integral com cream cheese e peixe defumado

1.400 calorias, café-da-manhã: 423 calorias
1.800 calorias, café-da-manhã: 456 calorias

Quiche de cogumelos e queijo com salada

1.400 calorias, almoço por pessoa: 407 calorias
1.800 calorias, almoço por pessoa: 538 calorias

Kebab de cordeiro e arroz integral

1.400 calorias, jantar por pessoa: 551 calorias
1.800 calorias, jantar por pessoa: 851 calorias

Total diário de calorias: 1.381/1.845

Café-da-manhã

Bagel integral com cream cheese e peixe defumado

1 bagel integral, 7,5 cm de diâmetro (cerca de 60 g)
1 colher (sopa) de cream cheese light
85 g* de peixe defumado (cavala, hadoque, salmão)
1 tomate médio fatiado
Folhas de alface

30 g de farelo de trigo
120 ml de leite desnatado

Para 1.800 calorias
*115 g de peixe defumado

Corte o bagel ao meio e passe o cream cheese nas duas metades. Coloque o peixe, o tomate e a alface. Sirva o cereal com o leite desnatado.

Almoço

Quiche de cogumelos e queijo com salada

Azeite para untar
30 g* de migalhas de pão integral
35 g de cogumelos fatiados
60 g** de peito de peru defumado cortado em cubos
1 ovo inteiro
1 gema
Sal e pimenta-do-reino moída na hora
30 g de queijo cheddar light ralado

salada
45–55 g de folhas lavadas
1 colher (sopa) de molho vinagrete light

Para 1.800 calorias
*55 g de migalhas de pão integral
**115 g de peito de peru defumado

Unte uma fôrma de torta de 7,5 cm com o azeite. Espalhe as migalhas de pão no fundo. Acrescente o peito de peru e os cogumelos. Bata a gema com o ovo inteiro, tempere com sal e pimenta a gosto e despeje a mistura na fôrma. Polvilhe o queijo e leve ao forno por 20 minutos, a 180°C. Sirva com a salada e o molho.

Sobremesa: 1 maçã (do tamanho de um punho, ou com 105 g).

Jantar

Espeto de cordeiro

170 g* de carne da perna do cordeiro em cubos de 4 cm
115 g** de abobrinhas em fatias de 2,5 cm
½*** pimentão amarelo médio em pedaços de 2,5 cm
5 tomates-cerejas

Para 1.800 calorias
*230 g de carne de cordeiro
**230 g de abobrinhas
***1 pimentão amarelo médio

Deixe a carne marinar por 15 minutos em 2 colheres (sopa) de suco de limão, 1 dente de alho amassado e 1 colher (sopa) de alecrim.

Acenda a churrasqueira. Ponha no espeto, alternadamente, a abobrinha, o pimentão e o tomate. Em outro espeto, coloque a carne, deixando um espaço de 1 cm entre cada pedaço. Ponha os espetos numa assadeira forrada com papel-alumínio. Grelhe os espetos por 5 minutos, a 15 cm do fogo; vire-os e grelhe por mais 5 minutos. Sirva com arroz (*ver abaixo*).

O cordeiro é uma boa opção – a carne magra tem apenas 36% de gorduras

Espeto de cordeiro com arroz integral

Arroz integral

65 g* de arroz integral
2 colheres (chá)** de azeite
Sal e pimenta-do-reino moída na hora

Para 1.800 calorias
*95 g de arroz integral
**3 colheres (chá) de azeite

Cozinhe o arroz segundo as instruções da embalagem. Misture o azeite e tempere com sal e pimenta a gosto. O rendimento do arroz varia segundo a marca. Para uma dieta de 1.400 calorias, sirva 145 g de arroz cozido. Para uma dieta de 1.800 calorias, sirva 260 g de arroz cozido.

Sugestão vegetariana para o jantar
Não faça o espeto de cordeiro. Misture ao arroz 130 g de feijão-roxinho e 35 g de amêndoas sem sal.

Dia 2

CARDÁPIO

Observações
As receitas deste programa fornecem cerca de 1.400 calorias por dia por pessoa. Quem é muito ativo precisa de 1.800 calorias por dia. Os asteriscos indicam quantidades para a dieta de 1.800 calorias. Ver informação nutricional completa nas pp. 176-177.

Ovos mexidos de microondas, torrada integral e suco de tomate

1.400 calorias, café-da-manhã: 320 calorias
1.800 calorias, café-da-manhã: 431 calorias

Bauru

1.400 calorias, almoço por pessoa: 483 calorias
1.800 calorias, almoço por pessoa: 606 calorias

Macarrão com brócolis e linguado ao parmesão

1.400 calorias, jantar por pessoa: 562 calorias
1.800 calorias, jantar por pessoa: 748 calorias

Total diário de calorias: 1.365/1.784

Café-da-manhã

Ovos mexidos de microondas, torrada integral e suco de tomate

2 colheres (sopa)* de queijo emmenthal light ralado
1 ovo inteiro
1** clara
Sal e pimenta-do-reino moída na hora
1 torrada integral***
175 ml de suco de tomate com baixo teor de sódio

30 g de farelo de trigo
120 ml de leite desnatado

Para 1.800 calorias
*4 colheres (sopa) de queijo emmenthal light ralado
** 2 claras
***2 torradas integrais

Ponha o queijo numa tigela que possa ir ao microondas. Adicione o ovo inteiro, a clara, o sal e a pimenta a gosto. Misture bem. Cubra com papel-toalha e cozinhe no microondas por 30 segundos. Retire do forno, mexa e cozinhe por mais 20 segundos.

Como alternativa, misture o queijo, o ovo, a clara, o sal e a pimenta numa tigelinha. Aqueça uma frigideira antiaderente e faça os ovos ali. Sirva com uma torrada e 175 ml de suco de tomate. Sirva o farelo com o leite desnatado.

Almoço

Bauru

45 g* ou ¼ de uma baguete integral de 30 cm
azeite
1 tomate médio fatiado
60 g de presunto cozido magro
45 g** de queijo brie ou outro queijo mole

Para 1.800 calorias
*60 g ou ⅓ de uma baguete integral de 30 cm
**60 g de queijo brie

Abra o pão no meio e regue-o com o azeite. Torre-o por 30 segundos numa chapa quente. Numa das metades do pão, coloque o tomate, o presunto e o queijo. Torre até o queijo derreter. Feche o sanduíche e sirva.

Sobremesa: 1 pêra média.

Jantar

Linguado ao parmesão

1 colher (chá) de azeite
170 g* de linguado ou outro peixe branco cortado em filé
65 g de molho de tomate com baixo teor de sódio
**1 colher (sopa) de queijo parmesão ralado

Para 1.800 calorias
*230 g de filé de peixe
**2 colheres (sopa) de queijo parmesão ralado

Aqueça o azeite numa frigideira antiaderente. Doure o peixe por 4 minutos. Vire-o e doure do outro lado por 2 minutos. Jogue o molho sobre o peixe e polvilhe o queijo. Tampe a frigideira e deixe o peixe cozinhar por 2 minutos. Sirva com o macarrão ao brócolis (*ver à direita*).

Os peixes brancos têm apenas 156 calorias por 170 g

Linguado ao parmesão e macarrão com brócolis

Macarrão com brócolis
60 g* de penne integral (ou grano duro)
115 g de buquês de brócolis
2 colheres (chá) de azeite
Sal e pimenta-do-reino moída na hora

Para 1.800 calorias
*115 g de penne integral (ou grano duro)

Ferva 1–4 litros de água. Adicione a massa e cozinhe por 5 minutos. Junte o brócolis e deixe cozinhar por mais 3 minutos. Escorra e adicione o azeite, o sal e a pimenta. Sirva.

Sugestão vegetariana para o jantar
Não faça o linguado ao parmesão. Adicione ao macarrão 2 colheres (sopa) de pinholes e 1 colher (sopa) de queijo parmesão ralado. Faça uma salada com 85 g de erva-doce picada e 165 g de laranja em pedaços. Tempere com 1 colher (sopa) de molho vinagrete light.

Dia 3

CARDÁPIO

Observações

As receitas deste programa fornecem cerca de 1.400 calorias por dia por pessoa. Quem é muito ativo precisa de 1.800 calorias por dia. Os asteriscos indicam quantidades para a dieta de 1.800 calorias. Ver informação nutricional completa na p. 177.

Müsli com frutas

1.400 calorias, café-da-manhã: 374 calorias
1.800 calorias, café-da-manhã: 467 calorias

Hambúrguer e salada de repolho

1.400 calorias, almoço por pessoa: 514 calorias
1.800 calorias, almoço por pessoa: 631 calorias

Lombinho de porco ao vinagre balsâmico com legumes

1.400 calorias, jantar por pessoa: 520 calorias
1.800 calorias, jantar por pessoa: 695 calorias

Total diário de calorias: 1.408/1.793

Café-da-manhã

Müsli com frutas

40 g de müsli sem açúcar
120 ml de leite desnatado
60–85 g de blueberries (mirtilos), morangos e framboesas
1 torrada* integral
45 g** de queijo cheddar light ralado

Para 1.800 calorias
* 2 torradas integrais
**60 g de queijo cheddar light ralado

Coloque o müsli, o leite e as frutas numa tigela. Ponha o pão numa chapa quente, adicione o queijo e toste até o queijo derreter.

Almoço

Hambúrguer e salada de repolho

85 g* de carne moída magra
1 pão de hambúrguer de 7,5 cm de diâmetro, ou 45 g
2 fatias de tomate
1 colher (sopa) de ketchup
60 g de salada de repolho (pique bem o repolho e misture com maionese ou molho vinagrete a gosto)

Para 1.800 calorias
*170 g de carne moída magra

Preaqueça uma chapa. Molde a carne moída no formato de um hambúrguer. Grelhe até o ponto desejado.

Corte o pão ao meio, junte a carne, o tomate, o ketchup e a salada de repolho. Feche o sanduíche e sirva.

Sobremesa: 160 g de uvas sem sementes.

Jantar

Lombinho de porco ao vinagre balsâmico com legumes

170 g* de lombinho de porco em fatias de 5 cm
azeite
60 ml de vinagre balsâmico
1 colher (sopa) de pinholes
Sal e pimenta-do-reino moída na hora
1 colher (sopa) de salsa picada (opcional)

Para 1.800 calorias
*230 g de lombinho de porco

Retire a gordura da carne e corte-a em fatias de 0,5 cm de espessura. Unte uma frigideira antiaderente com azeite e leve-a ao fogo médio. Grelhe a carne por 2 minutos. Retire da frigideira e mantenha quente. Ponha na frigideira os pinholes e o vinagre balsâmico e cozinhe por 1 minuto, até o líquido reduzir pela metade.

Tempere o lombinho com sal e pimenta a gosto, espalhe o molho e decore com a salsa picada.

Legumes cozidos
140 g* de batata-doce
230 g de abobrinha
2 colheres (chá)** de azeite
Sal e pimenta-do-reino moída na hora

Para 1.800 calorias
*230 g de batata-doce
**3 colheres (chá) de azeite

Lave e descasque os legumes. Pique a batata-doce em pedaços de 2,5 cm. Coloque numa panela com água, tampe e cozinhe por 5 minutos. Corte a abobrinha em pedaços de 1 cm e junte-os à batata-doce. Deixe cozinhar por mais 5 minutos, com a panela descoberta. Escorra e tempere com azeite, sal e pimenta a gosto. Sirva.

Lombinho de porco ao vinagre balsâmico com legumes

Sugestão vegetariana
Substitua o lombinho pela Fritada primavera (*ver abaixo*).

Fritada primavera
Azeite para untar
115 g de cebola roxa fatiada
1 dente de alho médio amassado
½ pimentão verde fatiado (cerca de 45 g)
70 g de cogumelos fatiados
1 ovo inteiro
2 claras
10 g de manjericão fresco
120 ml de leite desnatado
Sal e pimenta-do-reino moída na hora
1 colher (sopa) de queijo parmesão ralado

Unte uma frigideira antiaderente com o azeite e leve-a ao fogo médio. Junte a cebola, o alho, o pimentão e o cogumelo e refogue por 5 minutos. Em uma vasilha, misture o ovo, as claras e o manjericão. Tempere com sal e pimenta a gosto e despeje a mistura na frigideira com os legumes. Aumente o fogo e cozinhe por 10 minutos. Polvilhe o queijo parmesão e espere a parte de cima cozinhar. Se preciso, vire a fritada com a ajuda de um prato.

Dia 4

CARDÁPIO

Observações
As receitas deste programa fornecem cerca de 1.400 calorias por dia por pessoa. Quem é muito ativo precisa de 1.800 calorias por dia. Os asteriscos indicam quantidades para a dieta de 1.800 calorias. Ver informação nutricional completa na p. 177.

Mingau de aveia e ovo quente
1.400 calorias, café-da-manhã: 377 calorias
1.800 calorias, café-da-manhã: 561 calorias

Salada de frango com molho de iogurte e mel
1.400 calorias, almoço por pessoa: 452 calorias
1.800 calorias, almoço por pessoa: 622 calorias

Salmão grelhado com aspargos e batata
1.400 calorias, jantar por pessoa: 459 calorias
1.800 calorias, jantar por pessoa: 599 calorias

Total diário de calorias: 1.288/1.782

Café-da-manhã

Mingau de aveia e ovo quente
40 g de farinha de aveia
120 ml de leite desnatado
1* ovo grande
1 fatia** de pão de centeio
1 colher (chá)*** de azeite

Para 1.800 calorias
*2 ovos grandes
**2 fatias de pão de centeio
***2 colheres (chá) de azeite

Prepare o mingau segundo as instruções da embalagem. Cozinhe o ovo de modo que fique com a gema meio mole. Toste o pão e regue-o com azeite. Sirva tudo junto.

Almoço

Salada de frango com molho de iogurte e mel
115 g* de peito de frango assado
125 g** de iogurte natural desnatado
3 colheres (sopa)*** de mostarda de Dijon
2 colheres (sopa)**** de mel
100 g de folhas lavadas para salada

Para 1.800 calorias
*170 g de peito de frango
**185 g de iogurte
***4 colheres (sopa) de mostarda de Dijon
****3 colheres (sopa) de mel

Desfie o frango. Numa vasilha, misture o iogurte, a mostarda e o mel. Disponha as folhas em um prato e tempere com o molho. Espalhe o frango desfiado por cima.

Sobremesa: 1 laranja média.

Jantar

Salmão grelhado com aspargos e batata

Azeite para untar
170 g* de salmão em filé
sal e pimenta-do-reino moída na hora
½ colher (sopa) de endro fresco picado ou ½ colher (chá) de endro seco
230 g de aspargos frescos

Para 1.800 calorias
*230 g de salmão

Preaqueça o forno. Forre uma assadeira com papel-alumínio e unte-a com o azeite. Ponha o salmão na assadeira e regue-o com um pouco de azeite. Asse por 10 minutos. Para ver se o peixe está no ponto, espete nele um garfo. A carne deve estar opaca. Retire do forno e tempere com sal, pimenta e o endro.

Enquanto isso, forre e unte outra assadeira. Corte a ponta dos aspargos, espalhe-os pela assadeira numa única camada e regue com azeite. Ponha na grade embaixo do salmão e asse por 5 ou 10 minutos, dependendo da espessura do aspargo. Sirva com a batata (*ver abaixo*).

Batata

115 g* de batatinhas de cerca de 2 cm de diâmetro
1 colher (sopa) de molho vinagrete
Sal e pimenta-do-reino moída na hora

Para 1.800 calorias
*140 g de batatinhas

O salmão é rico em ômega-3

Salmão grelhado com aspargos e batata

Lave as batatas e cozinhe por 15 minutos, em panela tampada. Espete com o garfo para ver se estão cozidas. Tempere com 1 colher (sopa) de molho vinagrete, sal e pimenta a gosto.

Sugestão vegetariana

Substitua o prato pela Salada de batata e feijão-branco (*ver abaixo*).

Salada de batata e feijão-branco

115 g de batatinhas com cerca de 2 cm de diâmetro
2 colheres (chá) de azeite
130 g de feijão-branco cozido escorrido
125 g de molho de tomate com baixo teor de sódio
1 dente de alho médio amassado
1 colher (chá) de alecrim seco
½ pimentão vermelho médio fatiado
Sal e pimenta-do-reino moída na hora
2 colheres (sopa) de queijo parmesão ralado

Lave as batatas e cozinhe por 15 minutos, em panela tampada. Espete com o garfo para ver se estão cozidas. Escorra, corte ao meio e misture com os outros ingredientes. Guarneça com o parmesão.

Dia 5

CARDÁPIO

Observações
As receitas deste programa fornecem cerca de 1.400 calorias por dia por pessoa. Quem é muito ativo precisa de 1.800 calorias por dia. Os asteriscos indicam quantidades para a dieta de 1.800 calorias. Ver informação nutricional completa nas pp. 177–178.

Granola com iogurte e amêndoas
1.400 calorias, café-da-manhã: 415 calorias
1.800 calorias, café-da-manhã: 588 calorias

Salada grega
1.400 calorias, almoço por pessoa: 433 calorias
1.800 calorias, almoço por pessoa: 519 calorias

Frango à provençal com lentilhas e espinafre
1.400 calorias, jantar por pessoa: 523 calorias
1.800 calorias, jantar por pessoa: 678 calorias

Total diário de calorias: 1.371/1.785

Café-da-manhã

Granola com iogurte e amêndoas
60 g* de granola com baixo teor de gordura
245 g** de iogurte desnatado sem açúcar
½ colher (sopa) de amêndoas picadas

Para 1.800 calorias
*115 g de granola
**370 g de iogurte

Coloque a granola e o iogurte numa tigela e salpique a amêndoa.

Almoço

Salada grega
95 g de alface-romana lavada
1 tomate médio cortado em quartos
½ pepino médio fatiado (cerca de 60 g)
2 rabanetes fatiados (cerca de 30 g)
6 azeitonas pretas sem o caroço
2 colheres (sopa)* de molho vinagrete light
1 colher (chá) de orégano seco
30 g de queijo feta light
115 g ** de camarões cozidos
½ pão sírio integral

Para 1.800 calorias
* 3 colheres (sopa) de molho vinagrete light
** 170 g de camarões cozidos

Coloque a alface, o tomate, o pepino, o rabanete e as azeitonas numa saladeira. Junte o molho e o orégano e misture bem. Salpique o queijo feta esfarelado, ponha os camarões por cima e sirva com o pão sírio.

Jantar

Frango à provençal

170 g* de peito de frango desossado e sem pele
80 g de cebola picada
115 g de tomates pelados picados
1 colher (chá) de tomilho seco
1 colher (chá) de azeite
2 colheres (chá) de vinagre balsâmico
Sal e pimenta-do-reino moída na hora

Para 1.800 calorias

*230 g de peito de frango

Leve uma frigideira antiaderente ao fogo médio. Grelhe o frango por 2 minutos de cada lado. Junte a cebola e refogue por 2 minutos. Adicione o tomate e o tomilho, tampe e cozinhe por 5 minutos. Retire do fogo e junte o azeite, o vinagre, o sal e a pimenta. Sirva com as lentilhas com espinafre (*ver abaixo*).

Lentilhas com espinafre

240 ml de caldo de frango com pouco sal
50 g* de lentilhas
60 g de espinafre lavado
1 colher (chá)** de azeite
Sal e pimenta-do-reino moída na hora

Para 1.800 calorias

*65 g de lentilhas
**2 colheres (chá) de azeite

Ferva o caldo de frango, adicione as lentilhas e cozinhe por 20 minutos. Adicione mais caldo se necessário. Junte o espinafre e espere murchar. Escorra. Tempere com azeite, sal e pimenta-do-reino a gosto.

Frango à provençal com lentilhas e espinafre

Sugestão vegetariana

Substitua o prato pelas lentilhas apimentadas com espinafre e salada de camembert (*ver abaixc*).

Lentilhas apimentadas com espinafre

240 ml de caldo de legumes com pouco sal
95 g de lentilhas
60 g de espinafre lavado
190 g de pimenta-da-jamaica em conserva (escorrida)
2 colheres (chá) de azeite
Sal e pimenta-do-reino moída na hora

Ferva o ca.do numa panela grande. Adicione as lentilhas e cozinhe por 20 minutos. Junte o espinafre e a pimenta e mexa. Quando o espinafre murchar, desligue o fogo e escorra. Tempere com azeite, sal e pimenta a gosto.

Salada de camembert

94–110 g ce alface lavada
1 colher (sopa) de molho vinagrete
30 g de queijo camembert fatiado

Tempere a alface com o molho e espalhe o queijo por cima.

Dia 6

CARDÁPIO

Observações
As receitas deste programa fornecem cerca de 1.400 calorias por dia por pessoa. Quem é muito ativo precisa de 1.800 calorias por dia. Os asteriscos indicam quantidades para a dieta de 1.800 calorias. Ver informação nutricional completa na p. 178.

Ovos estrelados
1.400 calorias, café-da-manhã: 349 calorias
1.800 calorias, café-da-manhã: 481 calorias

Enrolado de rosbife
1.400 calorias, almoço por pessoa: 495 calorias
1.800 calorias, almoço por pessoa: 632 calorias

Camarão refogado com macarrão oriental
1.400 calorias, jantar por pessoa: 568 calorias
1.800 calorias, jantar por pessoa: 706 calorias

Total diário de calorias: 1.412/1.819

Café-da-manhã

Ovos estrelados
Azeite para untar
2 ovos inteiros
1 fatia* de pão de centeio ou preto

30 g de farelo de trigo
120 ml de leite desnatado

Para 1.800 calorias
*2 fatias de pão de centeio
30 g de queijo cheddar light ralado

Unte uma frigideira antiaderente com azeite e frite dois ovos no ponto desejado. Sirva com o pão torrado e o leite com farelo. Para um dia de 1.800 calorias, toste o pão junto com o queijo.

Almoço

Enrolado de rosbife
1 colher (sopa)* de maionese light
1 colher (sopa)** de raiz-forte preparada
1 massa para tortilha de 20 cm (cerca de 30 g)
115 g*** de rosbife magro fatiado
40 g de pimenta-da-jamaica em conserva (escorrida)
2 folhas de alface-romana

Para 1.800 calorias
*1½ colher (sopa) de maionese light
**1½ colher (sopa) de raiz-forte preparada
***170 g de rosbife

Misture a maionese e a raiz-forte e espalhe a mistura na tortilha. Disponha as fatias de rosbife por cima e depois a pimenta-da-jamaica. Adicione a alface e enrole a massa.

Sobremesa: 1 banana de 20 cm.

Jantar

Camarão refogado

Óleo vegetal
115 g de ervilhas-tortas
60 g de cebola fatiada
1 dente de alho médio amassado
1 colher (sopa) de gengibre fresco ralado
ou ½ colher (chá) de gengibre em pó
170 g* de camarões limpos
2 colheres (sopa) de shoyu light
1 colher (sopa) de água
2 colheres (chá) de óleo de gergelim

Para 1.800 calorias
*230 g de camarões limpos

Unte uma frigideira grande com o óleo e leve ao fogo médio. Adicione a ervilha e a cebola e refogue por 2 minutos. Junte o alho, o gengibre e os camarões e refogue por 2 minutos. Numa vasilha pequena, misture o shoyu e a água. Despeje na frigideira e misture. Espere 1 minuto, retire do fogo, adicione o óleo de gergelim e mexa bem. Sirva com o Macarrão oriental (*ver à direita*).

Camarão refogado com macarrão oriental

Macarrão oriental

60 g* de macarrão oriental (ou cabelo-de-anjo)
1 colher (chá) de óleo de gergelim

Para 1.800 calorias
*85 g de macarrão

Ferva uma panela com água, cozinhe o macarrão e escorra. Reserve 1 colher (sopa) da água do cozimento. Misture essa água com o macarrão e o azeite. Coloque o macarrão num prato e sirva com o Camarão refogado por cima.

Sugestão vegetariana
Em vez de camarão, refogue 170 g de tofu firme, escorrido e cortado em cubos.

Este refogado fornece proteína de boa qualidade. Como não leva manteiga, tem pouca gordura saturada

Dia 7

CARDÁPIO

Observações

As receitas deste programa fornecem cerca de 1.400 calorias por dia por pessoa. Quem é muito ativo precisa de 1.800 calorias por dia. Os asteriscos indicam quantidades para a dieta de 1.800 calorias. Ver informação nutricional completa na p. 178.

Omelete de queijo

1.400 calorias, café-da-manhã: 350 calorias
1.800 calorias, café-da-manhã: 449 calorias

Sanduíche aberto de peru

1.400 calorias, almoço por pessoa: 485 calories
1.800 calorias, almoço por pessoa: 547 calorias

Filé ao alho e sobremesa

1.400 calorias, jantar por pessoa: 569 calorias
1.800 calorias, jantar por pessoa: 763 calorias

Total diário de calorias: 1.404/1.759

Café-da-manhã

Omelete de queijo

1* ovo inteiro
2 claras
Sal e pimenta-do-reino moída na hora
1 colher (chá) de óleo de canola
2 colheres (sopa)** de queijo cheddar light ralado
2 torradas integrais

½ grapefruit médio de 10 cm de diâmetro

Para 1.800 calorias
*2 ovos inteiros
**4 colheres (sopa) de queijo ralado

Preaqueça o forno a 200°C. Bata o ovo e as gemas e tempere com sal e pimenta a gosto. Aqueça o óleo numa frigideira antiaderente pequena. Despeje os ovos batidos e cozinhe por 1 minuto. Espalhe o queijo por cima e leve a frigideira ao forno por 3 minutos. Se preferir, mantenha no fogão e vire a omelete com a ajuda de um prato. Sirva com a torrada e o grapefruit.

Almoço

Sanduíche aberto de peru

1 colher (sopa) de maionese
1 colher (sopa) de iogurte natural desnatado
2 fatias de pão integral
¼ de pepino médio fatiado
115 g* de peito de peru cozido
1 colher (sopa) de endro fresco picado
ou 1 colher (chá) de endro em pó

Para 1.800 calories
*170 g de peito de peru

Misture a maionese e o iogurte. Passe uma camada fina no pão, coloque o pepino e o peru fatiado. Espalhe a maionese restante sobre o recheio do sanduíche e cubra com o endro fresco picadinho.

Sobremesa: 1 manga média cortada em cubos.

Jantar

Filé ao alho

1 colher (chá) de manteiga
1 dente de alho médio esmagado
170 g* de filé-mignon
Sal e pimenta-do-reino moída na hora

Para 1.800 calorias

*230 g de filé-mignon

Misture bem a manteiga e o alho. Leve uma frigideira antiaderente ao fogo médio. Remova a gordura da carne (se houver) e coloque-a na frigideira. Grelhe por 1 minuto, vire e grelhe por mais 1 minuto. Tempere com sal e pimenta. Despeje a manteiga sobre a carne e cozinhe por mais 2 minutos, ou até o ponto desejado. Sirva com Baked potato e vagem (*ver abaixo*).

Baked potato

115 g* de batata
1 colher (sopa)** de creme azedo light
1 colher (sopa)*** de cebolinha fresca picada

Para 1.800 calorias

*230 g de batata
**2 colheres (sopa) de creme azedo light
***2 colheres (sopa) de cebolinha fresca picada

Preaqueça o forno a 220°C. Lave as batatas e faça nelas vários furos com um garfo. Cozinhe no microondas por 1 minuto, em potência alta e leve ao forno convencional por mais 20 minutos. Ou então asse no forno convencional por 40 minutos. Tire a batata do forno, faça nela dois talhos (em formato de cruz) e abra-a.

Filé ao alho com baked potato e vagem

Recheie com o creme azedo e salpique a cebolinha por cima.

Vagem

115 g de vagem
½ colher (chá) de azeite
Sal e pimenta-do-reino moída na hora

Cozinhe a vagem no microondas por 2 minutos. Ou então deixe-a cozinhar em água, no fogão. Escorra e coloque numa vasilha. Tempere com azeite, sal e pimenta a gosto.

Sorbet de framboesa

Sirva 90 g de sorbet de framboesa como sobremesa.

Sugestão vegetariana para o jantar

Substitua o filé por 230 g de cogumelos portobello. Refogue-os com 1 colher (chá) de manteiga e 1 dente de alho amassado por 5 minutos. Adicone 45 g de queijo gorgonzola, tampe a frigideira e deixe o queijo derreter.

Informação nutricional do Programa de Sete Dias

O guia abaixo indica o valor nutricional de todas as refeições do Programa de Sete Dias, quer você esteja seguindo a dieta de 1.400 ou a de 1.800 calorias por dia.

Dia 1

1.400 calorias, café-da-manhã por pessoa: 423 calorias (20% de gorduras), 9,5 g de gorduras (4,3 g saturada, 0,3 g monoinsaturada), 39 mg de colesterol, 31,1 g de proteínas, 69,1 g de carboidratos, 18,2 g de fibras, 1.207 mg de sódio.
1.800 calorias, café-da-manhã por pessoa: 456 calorias (21% de gorduras), 10,8 g de gorduras (4,6 g saturada, 0,3 g monoinsaturada), 46 mg de colesterol, 36,2 g de proteínas, 69, 1g de carboidratos, 18, 2 g de fibras, 1.429 mg de sódio.
1.400 calorias, almoço por pessoa: 407 calorias (32% de gorduras), 14,3 g de gorduras (3,8 g saturada, 3,0 g monoinsaturada), 257 mg de colesterol, 35,4 g de proteínas, 35,2 g de carboidratos, 6,5 g de fibras, 539 mg de sódio.
1.800 calorias, almoço por pessoa: 538 calorias (26% de gorduras), 15,8 g de gorduras (4,2 g saturada, 3,6 g monoinsaturada), 295 mg de colesterol, 51,8 g de proteínas, 48,1 g de carboidratos, 8,4 g de fibras, 717 mg de sódio.
1.400 calorias, jantar por pessoa: 551 calorias (33% de gorduras), 20,1 g de gorduras (4,9 g saturada, 10,9 g monoinsaturada), 108 mg de colesterol, 41,4 g de proteínas, 51,9 g de carboidratos, 7,3 g de fibras, 122 mg de sódio.
1.800 calorias, jantar por pessoa: 851 calorias (31% de gorduras), 29,1 g de gorduras (6,9 g saturada, 5,8 g monoinsaturada), 144 mg de colesterol, 57,9 g de proteínas, 91,1 g de carboidratos, 12,1 g de fibras, 164 mg de sódio.
1.400 calorias, jantar vegetariano por pessoa: 571 calorias (37% de gorduras), 23,6 g de gorduras (2,7 g saturada, 14.9 g monoinsaturada), 0 mg de colesterol, 18,8 g de proteínas, 76,6 g de carboidratos, 18,3 g de fibras, 276 mg de sódio.

Dia 2

1.400 calorias, café-da-manhã por pessoa: 320 calorias (23% de gorduras), 8,4 g de gorduras (2,4 g saturada, 2,6 g monoinsaturada), 221 mg de colesterol, 24,0 g de proteínas, 52,0 g de carboidratos, 16,3 g de fibras, 468 mg de sódio.
1.800 calorias, café-da-manhã por pessoa: 431 calorias (21% de gorduras), 10,2 g de gorduras (3,2 g saturada, 3,3 g monoinsaturada), 226 mg de colesterol, 34,1 g de proteínas, 65,7 g de carboidratos, 18,2 g de fibras, 657 mg de sódio.
1.400 calorias, almoço por pessoa: 483 calorias (30% de gorduras), 16,0 g de gorduras (8,3 g saturada, 4,8 g monoinsaturada), 70 mg de colesterol, 25,9 g de proteínas, 62,9 g de carboidratos, 8,3 g de fibras, 1.175 mg de sódio.
1.800 calorias, almoço por pessoa: 606 calorias (31% de gorduras), 20,6 g de gorduras (10,9 g saturada, 6,2 g monoinsaturada), 84 mg de colesterol, 31,4 g de proteínas, 77,5 g de carboidratos, 9,3 g de fibras, 1.399 mg de sódio.
1.400 calorias, jantar por pessoa: 562 calorias (30% de gorduras), 18,6 g de gorduras (3,5 g saturada, 11,0 g monoinsaturada), 64 mg de colesterol, 50,2 g de proteínas, 52,94 g de carboidratos, 4,7 g de fibras, 252 mg de sódio.
1.800 calorias, jantar por pessoa: 748 calorias (26% de gorduras), 21,3 g de gorduras (4,7 g saturada, 11,6 g monoinsaturada), 88 mg de colesterol, 68,1 g de proteínas, 76,0 g de carboidratos, 4,8 g de fibras, 652 mg de sódio.

1.400 calorias, jantar vegetariano por pessoa: 588 calorias (38% de gorduras), 24,6 g de gorduras (4,2 g saturada, 11,6 g monoinsaturada), 4 mg de colesterol, 21,4 g de proteínas, 81,1 g de carboidratos, 11,9 g de fibras, 293 mg de sódio.

Dia 3

1.400 calorias, café-da-manhã por pessoa: 374 calorias (17% de gorduras), 6,9 g de gorduras (2,6 g saturada, 2,7 g monoinsaturada), 12 mg de colesterol, 21,5 g de proteínas, 60,0 g de carboidratos, 6,9 g de fibras, 478 mg de sódio.
1.800 calorias, café-da-manhã por pessoa: 467 calorias (18% de gorduras), 9,1 g de gorduras (3,5 g saturada, 3,4 g monoinsaturada), 15 mg de colesterol, 27,7 g de proteínas, 73,2 g de carboidratos, 8,8 g de fibras, 713 mg de sódio.
1.400 calorias, almoço por pessoa: 514 calorias (31% de gorduras), 17,6 g de gorduras (4,3 g saturada, 2,5 g monoinsaturada), 64 mg de colesterol, 25,1 g de proteínas, 69,0 g de carboidratos, 6,8 g de fibras, 711 mg de sódio.
1.800 calorias, almoço por pessoa: 631 calorias (31% de gorduras), 21,9 g de gorduras (6,2 g saturada, 4,3 g monoinsaturada), 118 mg de colesterol, 43,3 g de proteínas, 69,0 g de carboidratos, 6,8 g de fibras, 768 mg de sódio.
1.400 calorias, jantar por pessoa: 520 calorias (37% de gorduras), 21,2 g de gorduras (4,2 g saturada, 10,9 g monoinsaturada), 108 mg de colesterol, 43,0 g de proteínas, 42,7 g de carboidratos, 7,4 g de fibras, 191 mg de sódio.
1.800 calorias, jantar por pessoa: 695 calorias (36% de gorduras), 27,7 g de gorduras (5,5 g saturada, 15,1 g monoinsaturada), 144 mg de colesterol, 56,1 g de proteínas, 58,3 g de carboidratos, 9,7 g de fibras, 261 mg de sódio.
1.400 calorias, jantar vegetariano por pessoa: 558 calorias (32% de gorduras), 19,8 g de gorduras (4,5 g saturada, 9,1 g monoinsaturada), 220 mg de colesterol, 29,2 g de proteínas, 70,4 g de carboidratos, 11,8 g de fibras, 342 mg de sódio.

Dia 4

1.400 calorias, café-da-manhã por pessoa: 377 calorias (33% de gorduras), 13,7 g de gorduras (3,1 g saturada, 5,8 g monoinsaturada), 216 mg de colesterol, 18,2 g de proteínas, 46,5 g de carboidratos, 5,9 g de fibras, 275 mg de sódio.
1.800 calorias, café-da-manhã por pessoa: 561 calorias (39% de gorduras), 24,4 g de gorduras (5,5 g saturada, 11,4 g monoinsaturada), 429 mg de colesterol, 27,1 g de proteínas, 60,0 g de carboidratos, 7,8 g de fibras, 486 mg de sódio.
1.400 calorias, almoço por pessoa: 452 calorias (7% de gorduras), 3,5 g de gorduras (0,7 g saturada, 1,4 g monoinsaturada), 67 mg de colesterol 38,6 g de proteínas, 71,3 g de carboidratos, 7,8 g de fibras, 681 mg de sódio.
1.800 calorias, almoço por pessoa: 622 calorias (7% de gorduras), 4,8 g de gorduras (0,9 g saturada, 1,9 g monoinsaturada), 100 mg de colesterol, 55,8 g de proteínas, 94,5 g de carboidratos, 8,3 g de fibras, 933 mg de sódio.
1.400 calorias, jantar por pessoa: 459 calorias (43% de gorduras), 22,1 g de gorduras (3,6 g saturada, 6,0 g monoinsaturada), 96 mg de colesterol, 39,2 g de proteínas, 27,0 g de carboidratos, 4,3 g de fibras, 81 mg de sódio.
1.800 calorias, jantar por pessoa: 599 calorias (39% de gorduras), 26,0 g de gorduras (4,2 g saturada, 7,2 g monoinsaturada), 128 mg de colesterol, 54,3 g de proteínas, 39,7 de carboidratos; 7,6 g de fibras, 110 mg de sódio.
1.400 calorias, jantar vegetariano por pessoa: 520 calorias (30% de gorduras), 17,5 g de gorduras (4,1 g saturada, 8,7 g monoinsaturada), 8 mg de colesterol, 22,0 g de proteínas, 73,9 g de carboidratos, 15,6 g de fibras, 717 mg de sódio.

Dia 5

1.400 calorias, café-da-manhã por pessoa: 415 calorias (20% de gorduras), 9,3 g de gorduras (1,4 g saturada, 5,3 g monoinsaturada), 5 mg de colesterol, 21,1 g de proteínas, 64,9 g de carboidratos, 4,8 g de fibras, 324 mg de sódio.
1.800 calorias, café-da-manhã por pessoa: 588 calorias (17% de gorduras), 10,9 g de gorduras (1,8 g saturada, 6,1 g monoinsaturada), 8 mg de colesterol, 30,4 g de proteínas, 96,2 g de carboidratos, 6,5 g de fibras, 486 mg de sódio.
1.400 calorias, almoço por pessoa: 433 calorias (35% de gorduras), 17,0 g de gorduras (5,7 g saturada, 2,8 g monoinsaturada), 197 mg de colesterol, 35,1 g de proteínas, 38,4 g de carboidratos, 9,1 g de fibras, 1.132 mg de sódio.

1.800 calorias, almoço por pessoa: 519 calorias (35% de gorduras), 20,2 g de gorduras (6,1 g saturada, 2,9 g monoinsaturada), 283 mg de colesterol, 46,7 g de proteínas, 40,2 g de carboidratos, 9,3 g de fibras, 1.330 mg de sódio.
1.400 calorias, jantar por pessoa: 523 calorias (22% de gorduras), 12,7 g de gorduras (2,1 g saturada, 7,4 g monoinsaturada), 96 mg de colesterol, 57,9 g de proteínas, 46,3 g de carboidratos, 10 g de fibras, 745 mg de sódio.
1.800 calorias, jantar por pessoa: 678 calorias (24% de gorduras), 18,2 g de gorduras (2,9 g saturada, 11,0 g monoinsaturada), 128 mg de colesterol, 74,8 g de proteínas, 55,4 g de carboidratos, 11,3 g de fibras, 782 mg de sódio.
1.400 calorias, jantar vegetariano por pessoa: 597 calorias (32% de gorduras), 21,2 g de gorduras (6,3 g saturada, 9,2 g monoinsaturada), 20 mg de colesterol, 35,4 g de proteínas, 72,7 g de carboidratos, 17,8 g de fibras, 443 mg de sódio.

Dia 6

1.400 calorias, café-da-manhã por pessoa: 349 calorias (36% de gorduras), 13,9 g de gorduras (3,7 g saturada, 4,3 g monoinsaturada), 429 mg de colesterol, 21,4 g de proteínas, 46,4 g de carboidratos, 14,9 g de fibras, 536 mg de sódio.
1.800 calorias, café-da-manhã por pessoa: 481 calorias (32% de gorduras), 17,0 g de gorduras (5,1 g saturada, 5,3 g monoinsaturada), 435 mg de colesterol, 31,0 g de proteínas, 62,2 g de carboidratos, 16,8 g de fibras, 921 mg de sódio.
1.400 calorias, almoço por pessoa: 495 calorias (29% de gorduras), 15,8 g de gorduras (4,6 g saturada, 1,5 g monoinsaturada), 98 mg de colesterol, 38,0 g de proteínas, 52,1 g de carboidratos, 7,4 g de fibras, 392 mg de sódio.
1.800 calorias, almoço por pessoa: 632 calorias (32% de gorduras), 22,6 g de gorduras (6,6 g saturada; 2,2 g monoinsaturada), 146 mg de colesterol, 54,6 g de proteínas, 53,6 g de carboidratos, 7,7 g de fibras, 512 mg de sódio.
1.400 calorias, jantar por pessoa: 568 calorias (28% de gorduras), 17,8 g de gorduras (2,8 g saturada, 10,8 g monoinsaturada), 267 mg de colesterol, 47,7 g de proteínas, 53,8 g de carboidratos, 5,4 g de fibras, 1.436 mg de sódio.
1.800 calorias, jantar por pessoa: 706 calorias (25% de gorduras), 19,3 g de gorduras (3,1 g saturada, 11,1 g monoinsaturada), 358 mg de colesterol, 62,7 g de proteínas, 69,3 g de carboidratos, 5,9 g de fibras, 1.577 mg de sódio.
1.400 calorias, jantar vegetariano por pessoa: 520 calorias (40% de gorduras), 23,0 g de gorduras (3,4 g saturada, 12,2 g monoinsaturada), 9 mg de colesterol, 26,9 g de proteínas, 55,4 g de carboidratos, 6,0 g de fibras, 1.196 mg de sódio.

Dia 7

1.400 calorias, café-da-manhã por pessoa: 350 calorias (33% de gorduras), 13,0 g de gorduras (3,3 g saturada, 6,5 g monoinsaturada), 216 mg de colesterol, 22,6 g de proteínas, 36,5 g de carboidratos, 3,9 g de fibras, 455 mg de sódio.
1.800 calorias, café-da-manhã por pessoa: 449 calorias (38% de gorduras), 19,0 g de gorduras (5,5 g saturada, 8,7 g monoinsaturada), 432 mg de colesterol, 32,3 g de proteínas, 37,4 g de carboidratos, 3,9 g de fibras, 605 mg de sódio.
1.400 calorias, almoço por pessoa: 485 calorias (26% de gorduras), 14,2 g de gorduras (2,5 g saturada, 4,4 g monoinsaturada), 84 mg de colesterol, 35,2 g de proteínas, 57,1 g de carboidratos, 7,3 g de fibras, 376 mg de sódio.
1.800 calorias, almoço por pessoa: 547 calorias (24% de gorduras), 14,4 g de gorduras (2,6 g saturada, 4,4 g monoinsaturada), 122 mg de colesterol, 48,9 g de proteínas, 57,1 g de carboidratos, 7,3 g de fibras, 406 mg de sódio.
1.400 calorias, jantar por pessoa: 569 calorias (27% de gorduras), 16,8 g de gorduras (7,0 g saturada, 6,2 g monoinsaturada), 120 mg de colesterol, 41,3 g de proteínas, 63,5 g de carboidratos, 6,3 g de fibras, 173 mg de sódio.
1.800 calorias, jantar por pessoa: 763 calorias (26% de gorduras), 22,0 g de gorduras (8,4 g saturada, 8,4 g monoinsaturada), 156 mg de colesterol, 56,4 g de proteínas, 85,1 g de carboidratos, 7,8 g de fibras, 201 mg de sódio.
1.400 calorias, jantar vegetariano por pessoa: 545 calorias (35% de gorduras), 21,0 g de gorduras (12,1 g saturada, 2,8 g monoinsaturada), 49 mg de colesterol, 21,0 g de proteínas, 74,5 g de carboidratos, 8,9 g de fibras, 681 mg de sódio.

Lista de compras do Programa de Sete Dias

Use a lista de compras abaixo para planejar seu Programa de Sete Dias. Se você for seguir o programa de 1.800 calorias por dia, o asterisco (*) indica as quantidades de que você precisa. Se decidir preparar as opções vegetarianas, consulte a lista de substituições, na p. 180.

Laticínios

- Brie ou outro queijo mole (45 g, *60 g)
- Cream cheese light (30 g)
- Creme azedo light (1 caixa pequena)
- Iogurte desnatado e sem açúcar, aromatizado (245 g, *370 g)
- Iogurte natural desnatado (155 g, *205 g)
- Leite desnatado (475 ml)
- Manteiga (60 g)
- Ovos (10, *13)
- Queijo cheddar light ralado (85 g, *140 g)
- Queijo emmenthal light ralado (15 g, *30 g)
- Queijo feta light (28 g)
- Queijo parmesão ralado (1 colher (sopa), *2 colheres (sopa))

Frios e carnes assadas

- Peito de frango defumado ou assado (115 g, *170 g)
- Peito de peru assado fatiado (115 g, *170 g)
- Peito de peru defumado cortado em cubos (60 g, *115 g)
- Presunto magro fatiado (60 g)
- Rosbife magro fatiado (115 g, *170 g)

Carnes

- Alcatra moída (85 g, *170 g)
- Alcatra ou maminha (170 g, *230 g)
- Lombo de porco (170 g, *230 g)
- Peito de frango desossado e sem a pele (170 g, *230 g)
- Pernil cortado em cubos de 4 cm (170 g, *227 g)

Peixes e frutos do mar

- Camarão cozido (113 g, *170 g)
- Camarão cru e limpo (170 g, *230 g)
- Linguado, garoupa, badejo ou outro peixe branco cortado em filés (170 g, *230 g)
- Peixe defumado – cavala, arenque ou salmão (85 g, *115 g)
- Salmão em filés (170 g, *230 g)

Pães

- Bagel integral (1 x 7,5 cm de diâmetro, 60 g – pode ser substituído por pão integral)
- Baguete (cerca de 45 g, *60 g)
- Croûtons (1 pacote pequeno)
- Massa para tortilha (1 x 20 cm, cerca de 30 g)
- Pão com grãos (2 fatias – pode ser substituído por pão integral)
- Pão de centeio (2 fatias, *4 fatias – pode ser substituído por pão integral)
- Pão de hambúrguer (1 x 7,5 cm de diâmetro, 45 g)
- Pão integral (1 pacote)
- Pão sírio integral (½ pão)

Secos e molhados

- Amêndoas fatiadas (½ colher (sopa)
- Arroz integral (1 pacote)
- Aveia (1 pacote pequeno)
- Azeite de oliva (1 lata pequena)
- Azeitonas pretas sem caroço (1 vidro pequeno)
- Caldo de galinha sem gordura e com baixo teor de sódio (240 ml)
- Farelo de trigo (1 pacote; veja se tem 15 g de fibras por porção)
- Granola com baixo teor de gordura (1 pacote)

- Ketchup (1 garrafinha)
- Lentilha (1 pacote pequeno)
- Macarrão japonês cozido – pode ser substituído por cabelo-de-anjo (60 g, *85 g)
- Maionese (1 vidro pequeno)
- Maionese light (1 vidro pequeno)
- Mel (1 vidro pequeno)
- Molho de tomate com baixo teor de sódio (1 vidro/lata)
- Molho vinagrete pronto com baixo teor de gordura (1 vidro pequeno)
- Mostarda de Dijon (1 vidro)
- Müsli sem açúcar (1 pacote)
- Óleo de canola (1 litro)
- Óleo de gergelim (1 vidro pequeno)
- Orégano seco (1 vidro pequeno)
- Penne de grano duro ou integral (60 g, *115 g)
- Pimenta fresca doce (1 vidro)
- Pinholes (1 colher de sopa)
- Raiz-forte preparada (1 vidro pequeno)
- Shoyu com baixo teor de sódio (1 vidro pequeno)
- Suco de tomate com baixo teor de sódio (177 ml)
- Tomates pelados picados (115 g)
- Tomilho seco (1 vidro pequeno)
- Vinagre balsâmico (1 vidro pequeno)

Congelados

- Sorbet de framboesa (1 pote pequeno)

Hortifruti

Legumes e verduras

- Abobrinha (340 g, *450 g)
- Alface-romana (285 g)
- Alho (1 cabeça)
- Aspargo (230 g)
- Batata (250 g, *370 g)
- Batata-doce (145 g *230 g)
- Brócolis (115 g)
- Cebola (1 média)
- Cebola roxa (1 média)
- Cebolinha (1 maço pequeno)
- Cogumelos fatiados (35 g)
- Endro (1 maço pequeno)
- Ervilha-torta (115 g)
- Espinafre lavado (1 pacote, 285 g)
- Folhas para salada pré-lavadas (570 g)
- Gengibre fresco (1 pedaço pequeno; pode ser substituído por 1 pacote de gengibre em pó)
- Pepino (1 médio)
- Pimentão amarelo (1 médio)
- Pimentão verde (1 médio)
- Rabanete (2 unidades)
- Repolho (60 g)
- Salsa (opcional) (1 maço pequeno)
- Tomate (4 médios)
- Tomate-cereja (5 unidades)
- Vagem (115 g)

Frutas

- Banana (1 x 20 cm)
- Blueberries (mirtilos), morangos ou framboesas (1 embalagem pequena)
- Grapefruit (1 médio)
- Laranja (1 média)
- Maçã (1 média)
- Manga (1 média)
- Pêra (1 média)
- Uva sem sementes (160 g)

Substituições vegetarianas

Dia 1: Substitua os ingredientes do Kebab de cordeiro por 1 pacote pequeno de amêndoas e 200 g de feijão cozido

Dia 2: Substitua os ingredientes do Linguado ao parmesão por 1 pacote pequeno de pinholes, 1 colher (sopa) de queijo parmesão ralado, 1 bulbo de erva-doce e 1 laranja

Dia 3: Substitua os ingredientes do Lombinho de porco ao vinagre balsâmico por 1 cebola roxa, 1 dente de alho, 1 pimentão-verde médio, 1 vidro pequeno de cogumelos, 3 ovos, 1 maço pequeno de manjericão e 1 colher (sopa) de queijo parmesão ralado

Dia 4: Substitua os ingredientes do Salmão grelhado com aspargos e batata por 115 g de batata, 250 g de feijão-branco cozido, 1 dente de alho, 1 vidro pequeno de alecrim seco, 1 pimentão vermelho médio e 2 colheres (sopa) de queijo parmesão

Dia 5: Substitua os ingredientes do Frango à provençal com lentilhas e espinafre por 240 ml de caldo de legumes com baixo teor de sódio, 1 pacote pequeno de lentilha, 1 vidro de pimenta-da-jamaica, 1 maço de espinafre lavado, alface, 1 embalagem pequena de queijo camembert

Dia 6: Substitua o camarão por 170 g de tofu firme

Dia 7: Substitua a carne por 230 g de cogumelos portobello e 1 embalagem pequena de queijo gorgonzola

Lista de porções perfeitas

Quer descobrir rapidamente quanto você pode comer de seus alimentos favoritos? A lista abaixo traz todos os alimentos incluídos na Dieta da Porção Perfeita. Ela mostra o que se pode comer e em qual quantidade, que alimentos devem ser consumidos com moderação e quais devem ser evitados. Isso não significa que os itens da seção "melhor evitar" estejam proibidos, mas é melhor ter cuidado com eles.

Legenda:
✓ = boas opções
✲ = coma/beba com moderação
✗ = melhor evitar (sem indicação de peso)

A

álcool, ver pp. 136–7
- ✗ com tônica
- ✗ daiquiri
- ✓ gim, 45 ml
- ✗ marguerita
- ✗ mojito
- ✗ piña colada
- ✗ ponche de rum
- ✓ scotch, 45 ml
- ✓ vodca, 45 ml
- ✓ uísque, 45 ml

✲ ameixa, suco não adoçado, 180 ml, ver pp. 91, 132
✓ amêndoas, para o lanche, 30 g, ver p. 140
amendoim
- ✓ pasta de, 2 colheres (sopa), ver p. 101
- ✓ torrado, no lanche, 30 g, ver p. 140

arroz, ver pp. 112–3
- ✲ branco (cozido), 119 g
- ✗ frito (prato principal)
- ✓ integral (cozido), 145 g
- ✗ risoto (prato principal)
- ✓ selvagem (cozido), 125 g

aves (ver Frango, Peru, Pato)
✓ azeitona, 15, no lanche, ver p. 141

B

✲ bacon, cru 170 g, ver p. 39
bagel, ver Porção distorcida pp. 108–9
✲ bebidas diet 240 ml, ver pp. 132–3
biscoitos, ver p. 127
- ✲ com gotas de chocolate, 2, cerca de 30 g
- ✓ integrais, 2, cerca de 30 g

bolos, ver Sobremesas
- ✲ brownie, 2,5 cm, ver p. 126

café, ver p. 132 e Porção distorcida, pp. 134–5
- ✗ cappuccino com leite integral e açúcar
- ✲ com leite desnatado e 1 colher (chá) de açúcar, 240 ml
- ✗ com leite em grande quantidade
- ✗ com leite integral e bastante açúcar
- ✲ preto com adoçante, 240 ml

C

carne de porco
- ✗ bacon, ver p. 39
- ✲ costela (crua),170 g, ver p. 39
- ✲ costeleta (crua), 170 g, ver p. 39
- ✗ lingüiça, ver p. 39
- ✓ lombo, 170 g, ver p. 39
- ✓ lombinho, 170 g, ver p. 39
- ✓ presunto cru, 115 g, porção para o almoço, ver p. 45
- ✗ presunto defumado, ver p. 39
- ✓ presunto magro cozido, 170 g, ver p. 39
- ✗ salsicha, ver p. 39
- ✗ torresmo, ver p. 39
- ✲ toucinho magro (cru), 170 g, ver p. 39

Informações na internet

Se você estiver interessado em saber mais sobre os alimentos e a maneira como eles afetam nossa saúde, sobre doenças relacionadas ao estilo de vida e sobre saúde em geral, visite os sites listados a seguir.

SAÚDE GERAL

www.emedix.com.br
Portal de saúde com um amplo leque de informações sobre doenças, prevenção e tratamentos escritas por médicos. O site dispõe ainda de comunidades nas quais os internautas podem interagir entre si e trocar experiências.

CORAÇÃO

www.cardiol.br
O site da Sociedade Brasileira de Cardiologia tem uma área pública destinada à promoção da saúde vascular e da melhoria da qualidade de vida. Além de notícias, apresenta dicas de alimentação e receitas saudáveis. Faça o teste de risco coronariano e descubra em poucos segundos que hábitos mudar para ter uma vida mais saudável.

www.americanheart.org
Site da Associação Americana de Cardiologia. Traz informações sobre como prevenir e tratar as doenças cardiovasculares. (em inglês)

DIABETES

www.diabetes.org.br
Informações detalhadas sobre a doença e a melhor forma de lidar com ela. Notícias, dicas de alimentação e as novidades científicas da área compõem o site da Sociedade Brasileira de Diabetes.

www.diabetenet.com.br
Comunidade brasileira de diabéticos e pessoas ligadas à doença, tem por objetivo a informação e a interação de seus associados. Além de notícias e reportagens, os usuários contam com recursos como fóruns de discussão e salas de bate-papo.

www.diabetes.org.uk
O Diabetes UK é a maior organização do Reino Unido voltada a portadores de diabetes. Sua função é levantar fundos, realizar pesquisas e campanhas de esclarecimento, além de prestar ajuda aos pacientes. O site da instituição apresenta informações sobre a doença. (em inglês)

www.diabetes.org
Este site da Associação Americana de Diabetes oferece informações sobre a doença. A entidade conduz programas voltados para a prevenção e a cura da moléstia nos Estados Unidos. Seu objetivo é a melhoria da vida de todos os envolvidos com o diabetes. (em inglês)

www.food.gov.uk
A Food Standards Agency (FSA) oferece aconselhamento e informações ao público e ao governo sobre segurança alimentar, nutrição e dieta. Além disso, trabalha com o direito do consumidor, monitorando o setor. (em inglês)

CÂNCER

www.inca.gov.br
O Instituto Nacional de Câncer é o órgão do governo brasileiro encarregado de normalizar, executar e coordenar a política nacional de controle do câncer. Em seu site há informações sobre todos os tipos de câncer e instruções para o encaminhamento de pacientes na rede pública de saúde.

www.abcancer.org.br
A Associação Brasileira do Câncer é uma instituição sem fins lucrativos que tem por objetivo educar e mobilizar a sociedade para a prevenção do câncer. No site da entidade o usuário encontra, além de reportagens, um espaço para a formação de grupos de trabalho e trocas de experiências.

www.cancerindex.org
O Cancer-UK é uma instituição sem fins lucrativos cujo site oferece uma visão geral do câncer e ao mesmo tempo funciona como portal de recursos para os pacientes. (em inglês)

www.cancer.org
A Sociedade Americana de Câncer é uma organização de saúde voluntária e comunitária. O site dá informações sobre a doença e as formas de combatê-la. (em inglês)

NUTRIÇÃO

www.asbran.org.br
O site da Associação Brasileira de Nutrição traz artigos, publicações e notícias sobre saúde e nutrição.

www.rgnutri.com.br
É um site comercial em que o usuário pode se informar sobre saúde e nutrição. A seção "Caloria e alimentos" traz uma lista completa de alimentos com todas as suas propriedades nutricionais e seus usos terapêuticos.

www.MyPyramid.gov
Site americano que ensina a quantidade correta de alimentos a ser ingerida. O Departamentc de Agricultura dos Estados Unidos lançou o guia de alimentação MyPyramid para educar o público e ensiná-lo a fazer escolhas saudáveis. (em inglês)

www.nal.usda.gov/fnic/foodcomp/search/
O banco de dados do Departamento de Agricultura dos Estados Unidos registra a informação nutricional de todos os alimentos. Trata-se do maior banco de dados do gênero e é utilizado pelo governo americano na criação de políticas alimentares. (em inglês)

SEGURANÇA ALIMENTAR

www.anvisa.gov.br
Portal da Agência Nacional de Vigilância Sanitária (Anvisa) que orienta o consumidor sobre higiene e conservação dos alimentos por meio de histórias com personagens.

www.segurancaalimentar.com
O HACC é um portal português que disponibiliza informações relacionadas com a Segurança Alimentar.

www.foodsafety.gov
Este site do governo dos Estados Unidos traz muitas informações atualizadas sobre segurança alimentar. (em inglês)

OBESIDADE

www.abeso.org.br
O site da Associação Brasileira para o Estudo da Obesidade e da Síndrome Metabólica (Abeso) traz notícias sobre obesidade e emagrecimento, dicas e receitas light. Aproveite para calcular o seu Índice de Massa Corporal (IMC).

www.endocrino.org.br
Na página web da Sociedade Brasileira de Endocrinologia e Metabologia, o usuário dispõe de uma área com informações sobre obesidade, perda de peso e cuidados com a alimentação.

www.obesity.org
Este portal americano oferece informações gerais sobre a obesidade, as pesquisas mais recentes, prevenção, tratamento e defesa do consumidor. (em inglês)

Índice remissivo

Os números de página em *itálico* indicam as receitas com foto.

Agradecimentos

Agradecimentos da autora Muito obrigada ao meu marido Harold. Suas orientações e seus conselhos constantes me ajudaram a chegar ao fim do projeto. Seu apoio integral ao meu trabalho é para mim motivo de muita alegria.

A Lisa Ekus, amiga e agente, que me estimulou e me ajudou a publicar este livro. Obrigada, Lisa, adorei trabalhar com você.

Este livro não teria sido possível sem as idéais de Mary-Clare Jerram. Uma visita dela aos EUA nos reuniu e deu vida ao projeto.

Obrigada também a Carl Raymond pela participação ativa e pelo entusiasmo.

Obrigada à equipe da DK e às editoras Jenny Latham e Hilary Mandleberg.

Eu também gostaria de agradecer à minha família, que sempre apoiou meus projetos e me encorajou a cada passo: meu filho James, sua esposa Patty, e seus filhos Zachary, Jacob e Haley, meu filho John, sua esposa Jill, e seus filhos Jeffrey e Joanna, meu filho Charles, sua esposa Lori, e seus filhos Daniel e Matthew; minha irmã Roberta e meu cunhado Robert, cuja reação às minhas idéias são um importante guia.

Gostaria de agradecer aos diversos leitores que me escrevem para contar quanto apreciam meu trabalho. Graças a esses estímulos sinto que os momentos solitários em frente do computador valem a pena. Você pode continuar a se corresponder comigo pelo meu website **www.DinnerInMinutes.com.**

Agradecimentos dos editores A Dorling Kindersley agradece à fotógrafa Sian Irvine e a seu assistente Byll Pullman; à especialista em economia doméstica Sarah Tildesley e à sua assistente Claire Ptak; a Ruth Hope pelo projeto gráfico; a Sue Bosanko, pelo índice remissivo; a Kathy Steer pela assistência editorial e pela revisão de provas; a Vicky Read pela assistência ao projeto gráfico; a Sonia Charbonnier pela diagramação.

Arte dos símbolos: Joanna Cameron

Crédito das fotos
A Dorling Kindersley gostaria de agradecer às seguintes pessoas e empresas pela autorização de reprodução de suas fotos:
(legenda: e-esquerda; a-no alto)

Corbis: 149a; Getty Images: Britt Erlanson 19a; Nico Kai 13a; Camille Tokerud 27ae

Todas as outras imagens © Dorling Kindersley
Mais informações: www.dkimages.com

Biografia da autora

Linda Gassenheimer é jornalista de rádio e TV, autora de vários best-sellers. Seu livro *Low-Carb Meals in Minutes* ficou em primeiro lugar na lista de mais vendidos da Amazon.com e em segundo lugar na lista do *LA Times*. Publicado no Reino Unido, ele chegou ao primeiro lugar na lista da www.amazon.co.uk, assim como na Noruega, na Nova Zelândia e na Austrália.

Linda é produtora e apresentadora da atração semanal Food News and Views, na rádio WLRN 91.3FM, que transmite para o sul da Flórida, e apareceu como convidada em inúmeros programas de rádio e de TV nos Estados Unidos e no Canadá, entre os quais: *Television Food Network*; *Cooking Live* e *Sara's Secrets*, com Sarah Moulton; *Good Morning America*; *Cookin' USA*; *The Low Cholesterol Gourmet*; *Canada AM*. Além disso, já teve seu próprio programa, chamado *Dinner in Minutes*, numa afiliada da Miami NBC. A coluna que escreve para o www.Miami Herald.com, "Dinner in Minutes", é lida por 4 milhões de pessoas. Ela ainda escreve regularmente para o *Bottom Line Newspaper* e já contribuiu com as revistas *Prevention Magazine*, *Food and Wine*, *Cooking Light*, *LowCarb Living* e várias outras.

Linda fez um curso avançado na Cordon Bleu, a escola de culinária mais famosa do mundo; estudou durante três anos com um chef francês duas-estrelas; estudou com Simone Beck, no sul da França, e com Marcella Hazan, em sua escola em Bolonha, na Itália; tem ainda dez anos de experiência como diretora executiva de uma rede de supermercados finos de Miami. Por fim, criou e dirigiu durante nove anos a escola de culinária CuisinEase, em Londres.